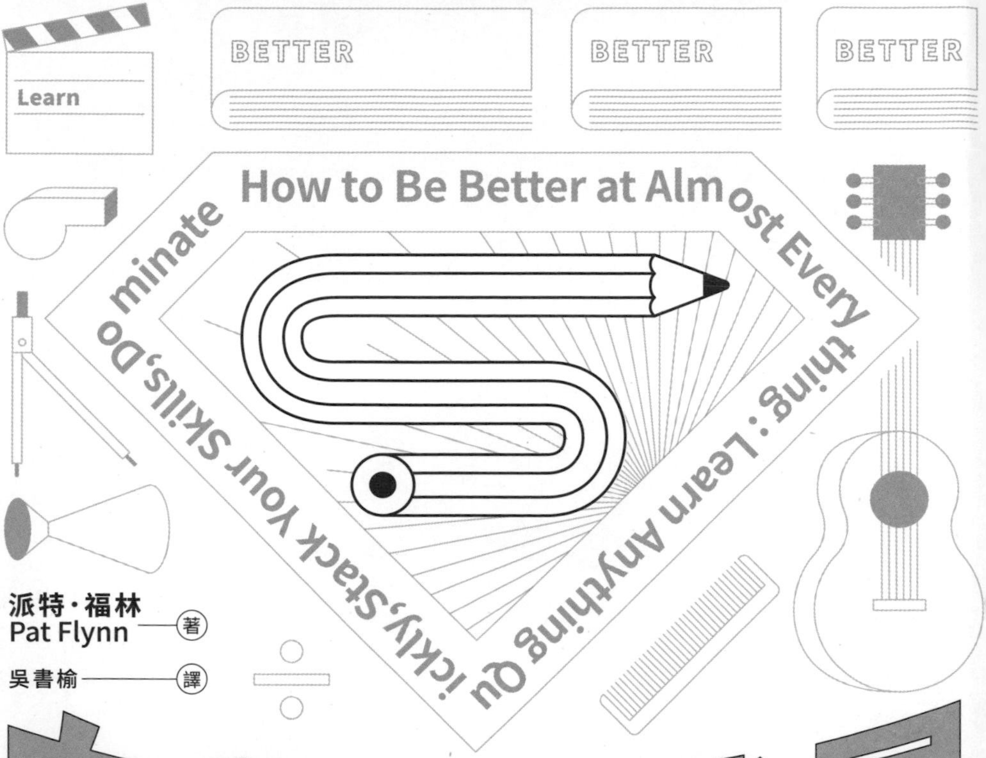

How to Be Better at Almost Everything: Learn Anything Quickly, Stack Your Skills, Dominate

派特·福林
Pat Flynn 著

吳書榆 譯

自學力就是你的超能力

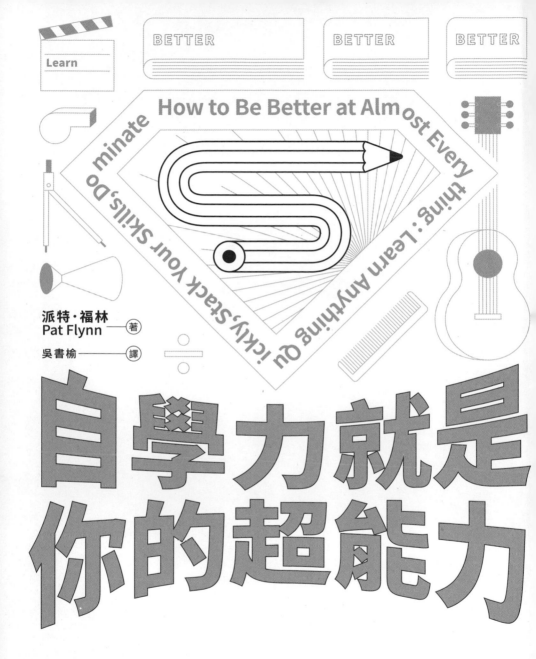

各界讚譽

這是一個變動的時代，每個人都可能因為世界劇變而在職涯上受到影響，然而我們人生最終的目標，不外乎是求意義跟求自由，進而掌握人生的主控權，想要達到這樣的境界，我們必須學會怎樣讓技能樹伸展、堆疊技能、統合關鍵的能力。在這本《自學力就是你的超能力》書中作者用三個面向、五大原則，教會我們掌握人生的祕笈心法。

——何則文，「職涯實驗室」社群主理人

一個人如果擁有自學的能力，他幾乎可以成就任何他想嘗試的事情。在資源如此爆炸的年代，我們完全不用怕找不到資源、找不到教練，但是當有這麼多資源擺在你面前，就考驗到你的邏輯彙整力、判斷能力、學習與理解力了。這本書推薦給每一位想要靠自身力量翻轉現況的你，只要掌握了自學力，你就能不斷開發自身的潛能，朝理想的生活邁進。

——Zoey，佐編茶水間創辦人

在這本書中，福林很早就討論到自由，這番洞見讓我停下我的腳步：這是一個微妙的重點，我們應該要在餐桌上和家人討論，在講台上和學生討論，在教堂的祭壇上和信徒討論。沒錯，福林納入了待辦事項清單，也有出自於亞里斯多德（Aristotle）、阿奎那（Aquinas）和路易斯（C. S. Lewis）的相關討論，但我喜歡他的強力論點，主張要欣賞與擁抱出自於理解自由的通才主義。這本書容易閱讀，更是一本必讀書。書裡有很多內容都可以隨手應用在人生裡，比方說，我每次進家門時就會輕輕禱告一句或念一句箴言，希望大家都能讀一讀本書。

——丹恩．約翰（Dan John），《決不放手》作者

身為競爭激烈的武術與健身房市場裡的企業主，理解和應用通才主義背後的原則，向來是讓我的企業維持健全並繼續成長的改變局面因素。福林在本書中所提的概念，代表了典範轉移，我們都應該要用這樣的態度來面對自己的企業和人生。重點不在於拚老命成為最好的那一個，而是要把所有的拼圖放在一起，把你需要做得更好的事做到更好，再提供寶貴且獨特的產品與服務給市場。本書是暢談如何做到這一點的終極手冊。

——索納斯・希卡德（Somnath Sikdar），神龍健身房（Dragon Gym）執行長

我第一次讀到《自學力就是你的超能力》時，我是既興奮又難過：興奮的是，我醒悟到通才主義（技能堆疊）如何能有效地讓我在市場上更有價值，難過的是，我活了這麼久，一直都相信專精才是成功的王道。這本書是一堂很棒的生命課程，讓你知道如何學著善於多種技能以達到自己的目標，不要拚死拚活力只專攻一項。

——強・瑞德（Jon Reed），線上影片教練網（YourOnlineVideoCoach.com）總裁

謹以本書獻給「迪多普」(D-Dop)和「迪多姆」(D-Dom),亦即,我的祖父約翰·瓊斯(John Jones)以及祖母賈桂琳·瓊斯(Jacqueline Jones)。

目錄

Introduction

Why Skill Stacking > Specialization

簡介

何以技能堆疊比專精更重要

最好的機會，不會給只想著要精於一項技能的人，而會給有能力把很多事都做到夠好、並能適當組合起來的人。

你不需要成為人上人也能昂首闊步，你不需要成為第一名也可以享有盛譽、掙得財富並找到人生的意義。你只需要在幾個方面做到很好或很棒（至少要能算得上能幹），然後把這些優勢結合起來，在自己身上培養出最具創意的特質。我們很早就被灌輸要設定目標，在某個方面達到專精的程度，但這個目標就如一張網，長久把人困住。本書就是為了終結這一點。

我並無意一步步教你如何用新方法創業；我想要做的是，一次介紹一個步驟，教你如何用新方法學習並培養出必要技能，讓你可以用來創業（如果這是你的選擇），讓你更有機會**創造**成功，而不是找到成功。別人可以搶走你的企業，經濟環境惡化也會造成同樣的結果，但是沒有人能搶走你的技能，除非他們剝奪了你的生命，但這可就不妙了。無須天賦異稟，你也可以掌握本書中的訣竅加以善用；只要你有學習的意願就夠了。

如果你想要找的是超級勵志故事，你可能無法從我想要講的內容當中得到太多收穫。但如果你想要知道一個天生沒有任何特殊能力、一輩子都在和精神官能症奮戰卻仍不斷培養技能，然後從傳統人生軌跡猛然轉向、然後打造出成功企業的人，如何能成為作家、音樂家、武術黑帶專家、小有名氣的健身名人，並且把很多看來毫不相關但酷到不行的事物全都充滿活力地融合在一起，你很可能想要讀一讀本書。

這是一本談通才主義的書。通才主義的目標，是要把大部分的事情都做得比多數人好，就算在任何一件事上都做不到最好也沒關係。一個人為何想成為通才？嗯，我想說的是，第一點，如果你成為通才的話，最起碼，不管到哪裡別人都比較不會覺得你枯燥乏味。老實說，只有極少數人才有辦法把很多事都做得很好；多數人都能把一、兩件事做得還可以，但其他事要不是一竅不通，就是糟透了；這些人甚至連一些簡單的小事都做不好，比方說養活家裡的植物。但我本人也不知道這件事有多困難，因為我唯一養過的植物被我的大學室友偷走了，他覺得那是某種大麻，但這個想法只是愚弄到他自己，因為根本不是這麼一回事，那不過是我媽媽送給我的一盆尋常植物。我之所以知道偷的人是我室友，是因為某一天那盆植物很神奇地出現在他睡的那一邊。我心想著：**你要不要過來看一下那個是什麼？我想知道現在究竟是怎樣一回事。**於是，我問：「老兄，你是不是偷了我的盆栽？」他隨後向我坦白，以求心安，而我的反應是：**隨便你，反正那不是你以為的東西**。之後我就算了，因為人生不就是這樣嗎？很多事你只能算了。這是

第一課。

其次，如果你有意經營企業或創業，那麼，能具備各式各樣的技能會比全力付出只專精於一樣更有用。我們把這稱之為技能堆疊（skill stacking）：用獨特且有用的方式將技能整合起來；技能堆疊會給你更多的廣度與彈性，勝過只專精於一件事的人。這就是我打算要暢談的內容，請整暇以待，聽我慢慢道來。

最後一點是，就像哲學家告訴我們的，快樂的真諦包括**從事與享受真的很棒的活動**（這是如亞里斯多德〔Aristotle〕和聖人湯瑪斯・阿奎那〔Thomas Aquinas〕等人的主張，我在這裡不去討論享樂主義者〔hedonist〕的看法），那麼，這樣說起來，人要尋求的自我實現，並不在我們累積了哪些成果，而在於我們努力去做了哪些事。換言之，有技能是好事，是因為技能讓我們能去做好事，這是所有人都需要的。

因此，綜合而言，本書要談的是如何在很多事情上做得很好或很棒，或（幾乎）每一件事上都至少算能幹，然後學著把這些能力組合起來變成一項競爭優勢，在此同時也找到自己生命中完整完全的自我實現。這不算太沉重的任務，對吧？當中有什麼訣竅呢？學會技能堆疊。（對！）那我們要對抗的敵人是誰？追求專精。（賓果！）

主要來說，我想做的是教你如何把事情做得更好：這是一種能讓你培養出技能的方法，幫助你運用各種你從未擁有、從沒想過需要擁有的技能，累積出名聲並打造繁榮昌盛的企業（如果你選擇創業的話）。我認為，現在的問題是，目前多數的自助勵志類書籍講的主題是當你有點胖時如何找回信心，或是如何在社交媒體上自我行銷，但沒有人想到要教你上述廣納性質的技能。我完全同意你要在過胖時要找回信心（我過去也是過胖的人；之後我會多談一點），也認同要在社交媒體上自我推銷，但這類技能和最根本的幸福與成功相關性不高。

過得幸福快樂是一種技能，經營事業也是一種技能。我要教你如何獲得各種你需要的技能，以及如何把這些技能整合起來，以找到你自己的競爭優勢特質和創意靈魂。我本人是一個極富創意的人嗎？嗯，我比較樂於認為自己至少具備一定的創意。我會畫圖，我錄製音樂，我寫作。我甚至一度打進電玩巡迴賽。我的表現不錯，我還贏了第一輪。但我之所以說自己有創意（如果真的有的話），是因為我是一個通才。我這個人能做好很多事，之後找到方法把這些事物組合起來，想出很多主意（當我這麼說的時候，聽起來總是讓人覺得我在自吹自擂）用來賺錢，還有，更重要的是，我還滿享受去做這些事。我只用了「還滿享受」來描述，是因為有一、兩次事情不像我所想得那麼順利。但我總會撐過去的。（你知道的，要做「我」是很辛苦的。感謝你也認同。喔，我是說真的。你不知道你的認同對我來說有多重要。來，讓我們坐下來，繼續認真看下去。）

這本書會透過以下的方式發揮作用：第一（我喜歡分條列述，這讓我有條有理），我會談到通才主義、其背後的原理以及為何我認為這套哲學可以幫助你（或任何人），讓你藉由去做自己熱愛的事找到成功與幸福，並從中賺到錢。這聽起來不是很棒嗎？我認為很不錯。第二，我要談一談技能堆疊，以及為何藉由技能堆疊來成為一位創業家（以及一個人）會比靠專精（專精指的是努力只在一件事情上成為「最好的」）更好。第三，我要談一談如何透過一系列的原則，讓你學習起新技能時能輕鬆千百萬倍，幫助你把你有興趣的事做到更好。我也會告訴你，我認為（幾乎）每個人都需要的那些技能，如何讓你在經濟上或是比喻上勝人一籌。還有，請別擔心：這些技能和一般技能不同，不需要花很長的時間培養；多數人不具備這些技能，只是因為他們從未想過要培養。最後，我們會談到如何實際進行技能堆疊，把你新找到的才華組合起來發揮效能，讓你過著美滿人生（喔耶，美滿人生），因為不管是哪一本自助勵志書，這一點是一定要提的。

在本書中，我們也會順帶提到某些善用通才主義的知名人士，你也可以說這是一種個案研究，探討這些把很多事做得很好或很棒的人如何得到成功、人生意義與滿足。（在附錄部分，你也可以找到更多個案，讓你有更多機會去了解通才主義實際上如何發揮作用。）比方說，喬治・華盛頓・卡弗（George Washington Carver）就是其中一人；為了讓你認同我有點資格舉他為例，我要特別提到我小學三年級時以他為題做了一份讀書心得報告。喬治・華盛頓・卡弗可不只是花生和地瓜的創新改良推手而已，大家也都知道他鼓吹要切實理解信念與科學之間的關係，此外，他也是早期大力倡導環保的支持者，同時也還為企業領導者提供諮商並設置了各式各樣的方案。他有很多能力，也做了很多事，他更擁有寬闊的胸襟。他甚至還是一個不錯的畫家。在本書中我也會提到很多和他當代的人物；「和他當代的人物」是我的說法，用來指稱還不算是「遠古人」的那些人。

我之前說過，我的目標不是一步一步教你創業的新方法，因為我認為那很無趣。我的目標是教你**一項又一項原則**，告訴你如何把（幾乎）每一件事都做得更好，並幫你找到你可能需要的技能，讓你可以去做你在人生中想做的所有事情。

我理解，這本書要談的可能算是很特別的內容，你可能也會認為我這個人很特立獨行，然而，當我提出論據、指出專精不是適合的人生之道時，請相信我。很多人仍先入為主，努力想要在單一件事上做到最好，但是，最好的機會，不會給只想著要精於一項技能的人，而會給有能力把很多事都做到夠好、並能適當組合起來的人。

通才主義的最重要特色，或許是你不需要天賦異稟也能開始成為通才。你不需要有井然有序的眉毛，也不需要強壯的手臂或一雙飛毛腿，你就是本來的你，那就夠了；這套原則就像「羅傑斯先生」（Mister Rogers）（譯註：羅傑斯先生是美國知名的兒童電視節目主持人）一樣平易近人。而且，由於你並沒有費盡心力要在任何一件事情上做到世界第一，因此，你不用在任何方面追求成為最出類拔萃的人。你可以只做你自己，我也可以只做我自己，這樣再適當不過了，因為每個人都可以把（幾乎）每件事做得更好一點。我不是說這個世界不需要專業人士，比方說短跑選手尤塞恩·博爾特（Usain Bolt）、游泳健將麥可·菲爾普斯（Michael Phelps）或替美國太空總署（NASA）設計微晶片的專家，我的意思是，我從來無法做到這種地步，而且我想你也是一樣（無意冒犯），但這不要緊，因為多數人根本一開始就不應該想著要成為專家。這也正是我們發展出通才主義的理由。

專精並非不重要，只是，很多人過度看重專精了或者錯把專精當成唯一出人頭地的方法，然而，如果他們把重點放在拓展技能的廣度上，用相當於重視深度的態度來看，其實表現會更好。通才主義能給人自由度，通才只要把幾種不同的事情上做到好至一定程度、然後把這些技能堆疊起來，就能安安靜靜地贏過很多人；能有這樣的效果，是因為從沒人想過可以用這種方式在「競爭」中獲勝，真是太棒了。

這就是我們要做的事。如果你正在讀這本書，你可能對我有了一些了解，也可能完全不知道我這個人，而我要從我自己開始說起，因為，不管你信不信，我可是很了解自己。而，你會看到的是，當中有很多你可以應用在自己身上的心得。

Chapter 1

When Great Is the Enemy of Good

第一章

當一技之長阻礙你變得更好

當你把某個領域學到的心得，應用到你投入的另一個領域時，會彼此相互交流，而且，不管你學到的技能是什麼，絕對不會全無用武之地。

通才主義並不是自動跑進我腦子裡的想法，這是我花了很多時間背道而馳以後才悟出的答案。我和很多人一樣，小時候我以為長大後我會在某一方面成為最出色的人，對我來說，這個「某一方面」是吉他。我希望成為彈奏速度最快的古典吉他演奏家，聲名大噪之餘，還可以堂而皇之去刺青、吸毒等等。顯然，最後的結果是天不從人願，原因如下。

首先，我對於物質濫用懷抱著一種健康的偏執，由於家族裡有人有上癮問題的相關歷史，因此我很清楚濫用這些物質到最後會怎麼樣。我對於針頭也懷有一種不太健康的恐懼，而且我很難下定決心去做一些永久性的事，比方說刺青。此外，我後來也不太在乎有沒有名氣了，之後我們會再聊到背後的理由。

嗯，這都是一些不切實際的目標，除此以外，我彈吉他五年之後發現，專精並不是我想要邁入的境界。那時候我已經念高中了，我（自認為）是舉目所及最好的吉他手，但是真的很喜歡聽我彈奏的人不多，因為我只彈其他吉他手想聽的技巧，比方說吉他掃弦（sweep-picking）獨奏。（在此特別向不玩音樂的人說明一下，從一九八〇年代開始，吉他演奏家的作品中就可以普遍聽到掃弦的範例，比方說英格威・瑪姆斯汀〔Yngwie Malmsteen〕，請聆賞他的作品〈來自地獄的琶音〉〔Arpeggios from Hell〕。）每一位專精者到最後都會體悟到一點：不管是哪一種技能，琢磨到一個程度，你會變得很出色，但忽然之間一般大眾就對你不感興趣了，你只能打動其他專業人士，你在此時此刻也發現自己太過頭了。在我就讀的高中裡多數人都不想聽古典吉他獨奏，他們想要同赴畢業舞會的對象，是能唱也能寫歌、還頂著樂團主唱大衛．馬修（Dave Matthews）髮型的才子。所以說，如果我沒有花這麼多時間在精進掃弦技巧、反而多練習唱歌，我會更好一點。這是一個技能堆疊（歌唱加上演奏吉他）比專精（成為吉他獨奏家）更有吸引力的明顯範例；如果目標是要以個人／音樂家的身分贏得眾人注目，能達成目標的人會是通才（以我這個案例來說，這個通才是我的「朋友」湯姆），而不是專才（也就是在下）。專精於吉他演奏的人每次都能以激昂的獨奏讓人嘆服，但寫不出讓人感動的旋律。以吉他演奏來說，多數人基本上都是大眾品味，他們不在乎技巧面的奧妙，只想聽到能跟著哼的曲調。

這是我學到的第一課，在這一課裡，有一個人吉他彈奏技巧並沒有贏過我，但他得到了身為吉他手的我想得到的東西：有很多人說他是一個很出色的吉他手，但，被人讚美說是出色吉他手的人，本來應該**是我**才對。算了，反正這些人全都不是音樂家，他們又怎麼知道誰好誰壞？然而，你可以想像，這些事情讓我很不高興。

專精者大多數都會去迎合其他專精者，那時候我才懂了這個道理。說到我在某方面比別人更好，但在所謂的「商業層次」上的成果卻比較差，這可不是唯一的一樁。沒錯，我是我那所高中裡（我自認為）最棒的吉他手，但是這不代表什麼，因為，首先，連剛剛開始入門的也算的話，學校裡只有大約十個人彈吉他；住在威斯康辛州郊區的我，沒有太多競爭對手。大學時我才開始到處去甄選，此時我才明白，即便我是所謂的「專精者」，但其實我的能力平凡無奇。我學到了第二課：擁有專精不只無法帶領我達成我的人生目標，在一天勤練七小時的吉他之後，我還是很差勁。我不是「爛透了」的那種差勁，我是會讓人說出「哇，你真的練過這麼久喔？」的那種差勁。經過這麼多年，我還是沒辦法達到像我設想中的出色嗎？這真是讓人討厭。然而，我很清楚現實便是如此，我不眠不休地練習這該死的樂器，但是，在伯克利音樂學院（Berklee）的甄選會中還是被十二歲的韓國兒童打得落花流水。這是真實發生的事。

我學到的第三課，是我醒悟過來、決定去面對報酬遞減的殘酷現實。我想加強我的吉他技巧，每多花一個小時勤練，從中得到的回饋卻愈來愈少，如果我把這些時間花在練習其他技能，比方說演唱、寫歌或是製作，我就能得到更豐厚的報酬。技巧上我還是會被在伯克利碰到的那個孩子打敗，但是反正早晚都會發生這種事。就算我決定把每天的練習時間再多加七小時，我也很懷疑自己有沒有辦法彈得像他一樣好。他的腦子裡很可能就是有一些我沒有的神經連結；他兩歲的時候就開始彈吉他，但我一直到八年級才開始學。也或許，他就是比我聰明；這也很有可能。

專精有一個問題，那就是成功經常取決於你無法控制的因素，比方說你的父母是誰、你在哪裡出生、你如何成長、你的外表如何，凡此種種。好消息是，通才主義並不需要以上任何條件，你的父母是模特兒還是毒癮者都無關緊要，你有沒有任何技能也不重要。就算你是一個徹頭徹尾的輸家，仍可以成功。我就做到了。

當我要和你分享任何想法，最好的方式可能是說一些我自己的經歷，講述我如何從（並不太成功的）專精者成為通才，開創出一番不錯的局面，而且從各方面來看都是。

你應該已經知道了，我一開始想成為吉他手（之後我們會再回來談這一點）。我練到繭都磨平了，雖然我知道自己永遠也無法成為世上最棒的吉他手，仍百般努力去做。

然而，我從學習吉他技能當中學到的事極為重要，它最後幫助我成為作家、企業主和創業家。

現在，因為你我已經成為好友了，我就和你談談一件事。九年級時，我的死黨們要我參加一項濕T恤比賽，要我和我的朋友尚恩比比看誰的胸部比較大。我很遺憾地向各位報告一件事，這是我在高中時唯一贏得的比賽，但好處是這激發我開始健身。面對每一個我在乎他們看法的人，他們都會給我赤裸裸的羞辱；之後我開始奮發，大量閱讀關於飲食控制和運動的書籍，最後我報名去上跆拳道，開始接觸到肌力訓練和壺鈴。壺鈴是什麼？壺鈴是一種有重量的物體，看起來像炮彈，上面有把手。現在不用管這個；之後我們會再回來談。

在此同時，我出現很嚴重的恐慌感，有一段期間還患上市集畏懼症（agoraphobia），如果沒有人陪著、沒有幸運符傍身，我根本出不了家門。我不會美化這段時光：這段人生真是糟透了。這很可能是我的谷底。高中時期對很多孩子來說都很難熬，對吧？

學習跆拳道期間，我也學到冥想，並開始掌控自我。二〇〇六、〇七年時，雖然高中還沒畢業，但我已經決定要開設一個 YouTube 頻道與部落格，談一談塑身、舉重和冥想，以及很多其他我也感興趣的事。我想幫助別人，因為我開始感受到持續健身帶來的諸多好處，我的人生也出現一些正面的轉變。

後來我得到音樂學校的入學許可，除了祖母叨叨絮絮（這不就是為人祖母者會做的事嗎？），要我去研讀經濟學與財務這類「真正的學位」之外，其他部分讓我高興萬分；我還持續經營部落格，也提供了很多健身相關資訊，以及我個人對於體重和焦慮的痛苦掙扎。

人們回應我的文章，認為從我身上找到了共鳴，他們說，我這個人經常能提供協助，而且有時候還滿風趣的。邁入第二年時，我想我或許能以此為生：我是指健身。一開始我有些疑慮，因為我想到了往事：我曾經（自以為）練習得比任何人都勤快，但即使如此也未能成為出色的吉他手。再回來看看自己的健身狀態，我承認，與那些身材最完美的人相比，我根本連邊都沾不上。我明白我永遠也無法成為最強壯、最大或是最好的那一個，但我知道我可以在一般的觀點下變得很健美：精實、強壯、肌肉發達且身體彈性佳。我可以只用雙手就維持身體平衡，我可以做到引體向上，我也可以舉起重物。這讓很多人感到佩服，他們認為我擅長做**很多**事，他們也想知道我如何辦到的。

而且，我並不追求專精，因此不會像其他人那樣受到嚴重傷害：我指的是我的某些朋友，他們勤於鍛鍊身體或舉重，在訓練時把自己操練到力竭的地步，嚴重到因此受傷，並失去興趣。

所以，我就這麼做了，一邊寫部落格並拍影片上傳到 YouTube 上，花很多時間冥想並練習跆拳道。這麼做真的讓我找到重心。有人開始稱讚我的文章，我把這視為一種邀請，讓我更深入研究寫作以及學習如何成為好的溝通者，寫出輕鬆有親和力的文章。大家說，他們追蹤我的部落格不只是為了多了解通才主義和健身，也是為了享受聽我說故事以及所有我必須直言無諱的事。這太棒了。

這是一種領悟，雖然很緩慢，但我開始看到技能堆疊的價值：雖然我在健身和寫作這兩方面都絕對稱不上是最出色的，但是當我把健身能力加上寫作技能組合在一起之後，看來極具吸引力。這就像三明治一樣：就算食材本身沒有什麼驚人之處，夾在一起之後卻非常美味。最後我明白了，我根本不需要專精。我根本不需要成為最美味的煙燻牛肉，我只要能成為很好的煙燻牛肉，再加上麵包、泡菜以及夠濃的醬汁，這樣就很棒了。我幾乎不會遭遇直接的競爭，因為我在健身界的多數對手都不是作家，而作家多半也不會涉入健身界。

大四時，我得到第一份重要的出書合約，這是因為我其中一位追蹤者要找人寫一本和健身有關的書。我拿到這份合約，也寫出一本很不錯的書（這是出版社說的），因此後來變成一套系列書。一路走來，我學到很多和行銷、業務和銷售相關的知識。我也學到心理學和哲學，我帶著強烈的興趣去學這些東西，讓我可以開始利用我所做的每一件事謀生。到了這個時候，我已經很善於吸引注意力，但是基本上沒有從中賺到什麼錢。我開始花時間和企業明師交流，我去參加大型研討會，看一看是哪些人賺的錢超出我想像的地步，看到他們之後我的心態就大不相同了。順帶一提，這一切又讓我在技能堆疊中添加新項目。

讓我們回到我祖母的建議；或者，以實際情況來看，應該說是回不到。我在做上述這些事情時，同時也在學校研讀經濟學和金融。我對我的指導教授說：「請聽我說，我要寫這些書，還要經營業務，因此我在想我能不能不要選最後的選修課，改用別的來抵，就稱之為『實務分數』吧。如何？」嗯，說來話長，我就長話短說了，他完全不知道我在說什麼，到最後我休學了。

而，這也成為我要傳達訊息的一部分，因為，隨著我的業務不斷壯大，開始有人問我要去哪裡念大學，因為他們假設我一定擁有和這些主題相關的學位。但是，我很樂於告訴大家，學位並非成功的必要條件。**教育**是好東西，但你可以從書本、教練與明師身上獲得。

而，有趣的是，我得到機會可以重返大學修習哲學（我現在正在讀），因為我有一位追蹤者剛好是我這所精緻小巧大學的教授，他希望我能成為研究生，以累積更好的經驗。好啊，當然好，為什麼不要呢？之後我們會看到這件事的來龍去脈。

重點是，你所做的事終究讓你成為你想成為的人，就算事情的發展過程和你想的不一樣也沒關係。你成為成功、有創造力且有用處的人，但你靠的不是如你預設要成為箇中翹楚的路徑（以我的個案來說，是在吉他方面出類拔萃）；你成為通才，這是你的成就來源。把所有不同的技能累加起來，讓你與眾不同；重點在於你用什麼方法將這些技能結合在一起，（一開始）看來或許隨意但其實（到最後）很特意，能為你的人生施魔法。當你把某個領域學到的心得，應用到你投入的另一個領域時，會彼此相互交流，而且，不管你學到的技能是什麼，絕對不會全無用武之地。萬事均有相關性，萬物最終都能互相作用。

因此，什麼都別丟，因為好事會來自於你所做、或願意去做的每一件事。你的技能或許很快就能融合在一起，你會賺到錢，甚至小有名氣。但我有一件事要提醒你：如果你除了名氣之外一無所有，那麼，就算你**有**了名氣，結果仍是一無所有。任何商業上的成就，都無法讓你感到快樂。

我們最後要談的技能組合，是人格特質。自我提升的重點不在於獲得什麼，而在於要成為什麼樣的人；至於什麼樣的人才值得你努力去成為，衡量的重點則在於這樣的人創造了什麼，而不是會得到什麼。「獲得」應該只是把事情做好的副產品。你應該把重心放在你給這個世界的東西是不是能嘉惠他人、是不是讓人樂於取用，另一個重心則是大家喜不喜歡和你相處；因此，**不僅**要注意你創造了哪些東西，也要關注你因為自己的創作成果變成了什麼樣的人。此時此刻，我想要告訴你的是，船到橋頭**自然直**；嗯，至少到目前為止對我來說是如此，人生很艱辛，寫作很艱辛，什麼事都艱辛，但最後你會在自己的所作所為當中找到意義，因為你會發現，從事好的活動（這就是通才做的事）可以從中找到幸福：成為通才帶我走到今天的局面，比我十年前的景況好太多了。

現在，你讀到了我的小小自傳（請相信我，之後你會看到更多相關資訊），就讓我們來談談自由吧。

Chapter 2

Gaining Your Freedom for Excellence

(And the Right to Choose... Wrongly If Necessary)

第二章

掙得追求傑出的自由

（以及選擇的權利……必要時再加上選錯的權利）

人都想要有能力去做些事，想要有自由去表達自我。但是，如果不具備這些能力，你又如何能透過你沒有的能力去表達自我？

高中後期、大學初期時，我經歷了成為自由主義者的階段，當時我對於一切都感到懷疑。基本上，我就像是電影《紐約大逃亡》（*Escape from New York*）裡的主角大蛇（Snake），他對世界上所有問題的答案一律都是：「老兄，聽好了，不管是你的戰爭**還是**你的總統，我通通不鳥。」這種態度並不能讓一個人展現出最高的生產力，但是我從中至少學到一件事，那就是人要珍惜自由。當我年紀漸長、（但願）智慧漸增，並且看到人身上的美好時，我了解到另外還有一種我從未欣賞過的自由。

自由主義者在乎人是否能不受獨裁暴君或其他勢力的干預，用自由意志去做自己想做的事，這叫做一視同仁的自由（freedom of indifference），如果你想的話，也可以稱之為自主的自我導引（autonomous self-direction）。另一種自由則是自我表達的自由（freedom of self-expression），這種自由對於通才主義來說尤為重要：這是指你得到做某些事情的能力，因此你能做這些事。

自由主義者說一視同仁的自由很重要，他們是對的，這是因為，確實，人不應該奴役別人，奴役他人不是好事。奴役，不好，大家都同意吧？但在此同時，自由主義者認為每一個人都需要擁有一視同仁的自由才能過著幸福的人生，這就不對了，因為就算人是自由的，也不保證能發揮自身最大的潛力。顯然，我們都明白這一點，我們雖然住在高度自由的美國，依然有很多人覺得自己的人生根本一無所有。

這樣說起來，一視同仁的自由是必要的，但其本身並不足以帶來幸福。顯然，我們都需要有能力替自己做決定，才能做出**對的**決定，然而，就算我們有能力為自己做決定，也不代表我們**將會**做出對的決定。我們可能替自己做出錯誤的決定，這就不好了。

我不想針對這一點發表哲學論述，但，說到底，我想講的就是：除了一視同仁的自由之外，還有這第二種自由，這第二種自由和幸福的關係緊密多了，這種自由稱為追求傑出的自由（freedom for excellence）。要得到追求傑出的自由，祕訣就是你的生活重心不要只有你想做的事。如果要我說得更白一點，我會說傑出的自由要對抗的是內心的暴君，一視同仁的自由則是對抗外在的暴君。

舉例來說，在我培養出彈奏樂器的能力之後，我只有在音樂家的身分之下才能自由表達自我；我能培養出這些能力的前提，是我決定遵循一套特定的規則與練習習慣。只有當我限制某一方面的自由，才能提升另一種自由；只有當我放棄**不**練習吉他（或是當我高興才練習吉他）的自由時，才能以高效練習彈奏吉他，最後讓我得到透過音樂表達自我的自由。

一視同仁的自由是這樣的：你不告訴我去做什麼，我也不要求你去做什麼，我們都和平共處。我要重複一次，這種自由很重要；所有好的制度都是以此為基礎。但是還有另外一種自由這麼對你說：「嘿，老兄，聽好了，你不想成為任何人的奴隸，這很棒，我也認同，但是，你有沒有好好想過，光是做你想做的事真的能讓你過著幸福的人生嗎？」我想對此君說的話是：「拿走這些選項通常會比較好，但前提是消除這些選項的人是你自己。」

有一種自由叫做追求傑出的自由：這一種是來自於限制的自由。

追求傑出的自由和自主的自我導引概念不同，重點不是要往這個方向或那個方向，而是要擁有氣力去追求你認為值得擁有的技能，並養成紀律，拒絕所有會讓你偏離人生目標的事物。這種自由的重點是要做出完全理性的人（這種人擁有所有可得資訊，知道未來會有哪些結果）會做出的正確決策；這當然是不可能的任務，因為沒有人可以如此理性，也沒有人可以看透未來，但，這仍是值得一試的演練。追求傑出的自由可以**想成一種紀律，想要一開始就盡量把事情做好、之後就能不費吹灰之力。**對我來說，就是一個人想要把事情愈做愈好。

擁有這種自由不是讓你去揮霍，你要盡可能善用它，以及善用你自己。因此，你必須學著做一些困難的決策。試著把輕鬆容易的放到一邊去，先做重要的事。你要過著彷彿毫無自由的生活：把自己當成好習慣和高效行為的奴隸。說到底，你必須學著設限並演練習慣，這樣才不會濫用上帝給你的自由。

我不是指你不可以選擇你想要的生活方式，我只是說，自由給你做選擇的能力，你有可能做出錯誤的選擇，錯誤的選擇則可能會造成不好的結果，讓你感到不安、不願意用餘生去面對。如果你繼續大吃垃圾食物，最後你會超重三十公斤，有一天搞不好會超重七十公斤，甚至沒辦法靠著自己的一雙腿到處走動，屆時你能有多少自由？因此，你應該知道，你不能在不健康裡找到自由，只有健康裡才有。

但，讓我們花一分鐘逆轉這一切，想像你開始健身、舉重，並開始塑身。想像你不停鍛鍊去做伏地挺身、引體向上和倒立，人們不會嘲弄你，反而敬佩你能做到這些；而這也是一種自由，只不過不是大家想的那一種自由。這是一種大家並沒有一直去思考卻都想要的自由——人都想要有能力去做些事，想要有自由去表達自我。但是，如果不具備這些能力，你又如何能透過你沒有的能力去表達自我？

舉例來說，如果你學會音階、調式及和弦，就能自由地彈奏吉他。這就好像當你學會了英語的發音和文法之後，你就自由地說出這種語言。只有當你加強健身且鍛鍊出力量之後，你才能自由地做出引體向上，而這都要靠訓練。這就是追求傑出的自由；一視同仁的自由是你有自由可以做出任何選擇。

你可能從小到大都能予取予求，大致上要什麼有什麼，你把這樣的自由視為理所當然。如果你把一視同仁的自由當成理所當然，又怎會去思考追求傑出的自由呢？這種東西不是本來就會有嗎？等到你永遠失去了，才會在瞬間呼天搶地，想盡辦法討價還價，緊緊握住不放。想想看，如果你任時間溜走，把這項自由視為無物，什麼都不做，那會怎樣？想想看你天生擁有多少自由？再想想，你在任何方面都沒有愈來愈好，你因此又少了多少自由？這麼說吧：想想看那些被丟棄的自由。我們每一個人都得到一定程度的自由（一視同仁的自由），這是老天給的幸運，但是我們可以得到更多自由（追求傑出的自由），這要靠自己去掙，前提是我們要願意去付出持續性的努力。

綜合而言，我會（再）說一視同仁的自由是獲得追求傑出的自由的必要但不充分的手段，每一個政府都應確保人民擁有第一種自由，這樣人民才能得到一定程度的第二種自由。另一方面，任何政府都無權介入我們的人生、告訴我們怎樣才幸福，因為沒有一個政府可能知道所有人民認為的幸福是什麼；深受啟發的哲學家會認為這可是了不起的事，比方說本書的作者。

當然，說這些是為了鋪陳出一個更重要的觀點：成為通才如何能讓人成功又幸福？我相信，每個人都有權利追求幸福，但我們無權因為自己活著、會呼吸就期望幸福不請自來。幸福不能靠人給，不管是父母、配偶或總統都做不到。幸福是當我們從事好的活動時會得到的回報，因此，幸福不只是一種靜態的習慣，更是一種動態的行動。幸福不是結果，幸福是行為。幸福不是你新婚燕爾或賺得百萬後馬上會湧出美好感受、然後就這樣了；這不是幸福。幸福是一種去做好的事情、然後長期累積下來的心態。

亞里斯多德說過，人的重點是去知道、去創造、去做。他說，人是理性的動物，人生的目標是去追求「好」，根據他的說法，所謂的好，指的就是在靈性面、實質面與心智面有助益的事物。人不能太好高騖遠，亞里斯多德說（之後的湯瑪斯・阿奎那也這麼說）最崇高的好是上帝，但在人和神之間還有很多其他的好事，比方說藝術、工程以及上帝創造出來、希望人類投入其中的一切事物。

正因如此，成為通才的人才會這麼重要：如果幸福是要去知道、去創造與去做好的事，那我們當然可以從事多項活動、不專注於一項，而是從各方面提升幸福的程度。這裡有一項要特別一提的重點，那就是我們從事真正的好活動並不光是為了完成這件事，因為去做這些事而培養出來的人格特質、以及去做這些事的理由，也同樣重要。換言之，去做好的事情，而且是因為適當的理由去做（這很重要），我們才能藉此變成真正好的人。

我花這麼多時間說明幸福的哲學，是因為我們需要先有指引，才能更深入通才主義的原理，才能真正把值得做好的事做得更好，才能找到幸福的路。你不可以掉入陷阱，僅出於狂妄而去追求什麼（如果不謹慎的話，每一個人都可能成為自大狂）；如果你這麼做，不管你能把多少事情做得更好，你永遠都會乖戾刻薄、充滿憤恨，永遠也感受不到充實。你會變成一種人：戴著單片眼鏡、叼著雪茄，永遠不斷追求權力，總是無法滿足，別人有一點差錯就馬上加以斥責。我把這種人叫做「查爾斯」。「查爾斯」和「布雷特」完全相反，後面這位留著中間禿兩邊長的髮型、還帶著眼罩，以他的運動休旅車為家。只要我們能選擇，都會想要避免成為「查爾斯」或「布雷特」。「查爾斯」套用了訓練，但是方向錯誤，「布雷特」則只做為了生存非做不可的事而已。兩者都錯失了人生的意義。

顯然，本書有一大部分要談如何藉由做你熱愛的事去賺錢，也會幫助你精進必要技巧以達此目的。能付清帳單又讓你的人生充滿意義，這種事沒有什麼不可以、或不應該歸屬於真正的好活動。一件事要能稱得上是真正的好活動，必須能產生益處，而且要是用善意去做的事；這也就是說，你要做的事必須是做能助人的事（或者，最低限度是不能傷人），而你之所以必須去做這件事，是因為你希望大家能享受你創造出來的成果，這個方針是判定是否達成終極目的之標準，就算目標是要在過程中賺得一些還不錯的利潤也無妨。重點是，這些事並不互斥。然而，遺憾的是，很多人會捨棄一項（幸福）來換取另一項（金錢），其實，只要他們別再像「查爾斯」那樣行事，就可以兩者兼得了。你懷著正確的心態去做你熱愛的事可以賺到財富，你用錯誤的意圖去做你痛恨的事也可以賺到大錢。

這就是通才主義重要之處。通才是想著要把每一件事都做得更好的人，因為對他們來說，每一件事情都在某些方面很有趣或很有用。反之，專精的人不得不將自己的認同依附在單一的結果上，這是因為，當一個人努力在某一方面成為最好的那一個時，事實上是讓自己陷入一個艱難的困境。他們把不幸福帶入了系統，通才則不會過度在乎某個結果，而是享受從事某些真正的好活動，不斷做得更好。

當然，通才仍然會在競爭中勝出，但這比較像是因為你在很多方面展現獨一無二與好表現而得到的美好副產品，通才絕不會把幸福繫於自己贏過多少人，因為，通才之所以努力，追求的並不是比任何人更好，他們只希望把事情做得更好。看出兩者的不同之處了嗎？

從本質來說，專精會造成不幸，原因可能是你很努力要成為最好的那一個，但往往事與願違，或是即便你克服重重挑戰成為最好的那一個，也無法長久坐穩衛冕者寶座。最終你會輸，某個人會取而代之，說你一開始就不是最好的，他們才是。我不知道你的情況如何，我自己經歷過幾次這類的事，之後就不太熱衷於成為最好的了。

專攻吉他時，我總是拿自己和他人比較，只要我覺得自己做的事很特別，就會有人來湊一腳，他們的態度多半是：**喔，不，老兄，你遜斃了，讓我來教你應該怎麼樣彈吉**

他吧。但成為通才之後，我就沒了這類的困擾；我不再想著要比別人更好，如今我只把注意力放在成為更好的自己。

Chapter 3

Becoming an Expert Generalist: Five Key Principles

第三章

如何成為專業通才：五大原則

專才是長期都運用專精做法的人，通才則是短期使用專精做法的人。

到目前為止，我們談了很多為何專精常成為陷阱以及該如何因應，我也希望你能開始看到成為通才的好處，比方說，你不用在努力的路上一路懷著痛恨，為了追求成功只能隱忍，而且，成為通才也不需要特別的傳承、基因或其他因素。

挑選自助勵志類書來讀的人，通常要找的是戰術或策略（**只要告訴我怎麼做才能找到自己的路就好；我還得去開個會呢**），但，對我來說，這是完全錯誤的起步方式。一個人一開始需要的，是從根本上去理解某個一般性的概念，然後才去檢視其他比較細節的部分。

以減重為例，其中一個原則是要控制熱量。一般人通常都著眼於某一套特殊的飲食控制計畫，但是，他們並不了解任何能降低熱量的飲食法都能收效，總是一套方法換過一套，永遠都不知道為何全都沒用。飲食計畫失效（或者一開始有效、但到後來無效）的原因，是因為施行計畫的人不了解熱力學理論，也不懂新陳代謝的運作。一旦你理解理論後，就能判定哪一種飲食最能將熱量帶到需要的地方，同時把新陳代謝的吸收納入考量，從而找到最適當的飲食計畫。斷食（一段時間不吃）是一個很好的範例：我寫了很多和這個主題有關的文章。有些人覺得這是最棒的飲食法，有時候這一點讓我很困惑。確實，斷食對很多人來說有效，但很重要的是要知道這樣的效果來自於消除飲食中的大量熱量。有時候斷食沒用，是因為這種方法讓人飢餓難耐，使得他們大吃他們本來會抗拒的食物，之後這些人會跑來找我抱怨：「嘿，我試過你愚蠢的斷食法，害我增重了五公斤，這是怎麼搞的？真是他媽的！」這時候我就會對他們說（而且盡量小心翼翼），他們應該先花點時間讀一讀原理部分才開始進行計畫才對；如果先讀過的話，他們就知道如何調整斷食排程，就不會出現餓到受不了的階段。

通才主義也是這樣。隨著本書繼續往下說，我們會看到一套架構，告訴你如何開始動手培養技能。但是，在展開行動之前，你需要理解我們在談的原理，有了這些原理，才能幫助你更善於把所有的事情都做得愈來愈好。

以下就是這些原理：

1、技能堆疊＞專精
2、短期專精
3、百分之八十法則

4、整合∨分離

5、重複與抗性

且讓我為你簡單說明以下每一條原理，之後，我們會看到這些如何套用到把事情做得更好，而且幾乎所有我們有興趣的事都可以涵蓋在內：

技能堆疊∨專精

簡單來說，不管是什麼事，（在多數事情上比多數人）做得更好比做到最好來得好。組合起來的技能會比單項技能本身更有力，就算還沒有完全發展好也沒關係。這是身為通才的基本優勢。培養出技能還不夠，你必須學著組合。我使用「∨」符號來表示「優於」，請參考。

短期專精

要成為通才，不是指你要同時把每一件事都做得更好。好的通才通常是短期的專才，這是說他們會一次只專注於一、兩件事，一旦把這些事做到八成（不會繼續精進；請見下一條原則），就會把注意力轉向下一件事。

百分之八十法則

百分之八十法則是說，如果百分之百代表成為全世界最棒的人，那麼，你就不要做到超過八成以上，因為再深入就跨進專精的領域裡了。相信我，雖說是八成，但也已經很熟練了，因此，如果你在某一件事上已經做到八成、但是人生仍無法成功，那你大可假設問題不在你身上；你該去培養新技能了。

整合v分離

這條原則說，你應該練習你需要擅長的事就好，這些指的是和手邊的任務有關的事。這講起來好像很理所當然，但一般人常常把太多注意力放在對欲達目標毫無意義的技巧或技能上。舉例來說，一名吉他手如果想要學會彈奏AC／DC樂團的歌曲，那他根本不用去學B♭13和弦，因為這個樂團從不用這種和弦。

這條原則也說，不管你想要達成的結果是什麼，要以結果為脈絡，在這之下盡量演練所有相關技巧。再來談一談想要學會彈奏AC／DC樂團歌曲的吉他手，他應該去學習在彈奏這些歌曲需要的和弦，而且是放在歌曲的脈絡下彈奏。特定的練習就會產生特定的結果，僅練習你需要的，這樣就夠了。

重複與抗性

最後，如果你希望在某個面向上能做得更好，你要練習去做這件事，同時還要找到方法把這件事變成對你來說有點困難。只是去做不夠，你還要把事情變成對你來說有點難度。

健身是一種比喻

我想到其中一種最能用來解釋這五條原則的方法，就是透過健身來講，雖然有很多人不認為健身是一種技能，但其實大部分都是，因為，如果用來完成任務的能力不叫技能，那什麼才叫技能？健身不就是完成任務？不然還有什麼？對我來說，**理論上**，能夠做到引體向上和能吉他獨奏沒有太大差異，因為兩種活動都需要運用到重複和抗性。唯一的實質差異，是人展現的技能**類別**不同；兩種活動都稱得上是技能。

很多人無法達成健身目標，部分原因是他們不認為健身是一種技能，只把健身當成一種習慣。養成習慣對於培養技能來說很重要，但只把一件事變成日常慣例、卻不找方法在日常慣例中求進步，並不夠。要求自己去做例行公事只能讓你在這項技能上面稍有進步，你會比什麼都不做的人好，但你很難做到很好。因此，你需要搭配其他原則。

如果我從體育教練的觀點來和你談這些如何？那不是很有趣嗎？且讓我們假設我正在應付一群講起話來彆彆扭扭的高中學生，他們對運動這件事有點怕；基本上，這就是以前的我。我想這麼做，是因為高中時我對於運動的印象糟透了，因為我總是在不了解為何要去做的情況下被迫去上體育課，也因為我的表現總是很糟，弄得很狼狽。我相信某些人應該也有同感。

現在，讓我拿起哨子，換上運動短褲。準備好了嗎？

好，孩子們，集合。今天是第一堂體育課，我們要先講好一些事，接著才讓你瘦小的身體去接受等在眼前的嚴格訓練。首先，你必須了解一項重點，健身和音樂、數學並無差別，因為我們運動時在做的事就是在學習技能，不同之處只有上體育課時學的不是要跟上拍子或是把整數加起來，而是在操練我們的體能，比方說做伏地挺身與引體向上。有些人比較容易成為音樂家或數學家，有些人則比較會做引體向上，但這不表示比較不會做引體向上的人永遠也做不好。（我說「比較會」，是指天生就擅長於去做某件事。）

以健身為例，這被當成一種技能，因為你在練習之後會做得更好。這樣的過程就是所謂的「以特殊適應來面對強加的要求」（specific adaptations to imposed demands），基本上可以套用於你能想到的每一件事。如果你不練習打擊和投球，就無法把壘球打得愈來愈好。如果你不練習捲墨西哥餅皮，就無法把玉米捲餅做得愈來愈漂亮。如果你不練習彈奏，就無法把吉他彈得愈來愈流暢。如果你不練習，就無法把伏地挺身做得更好。健身實際上就是一群技能的組合，不是嗎？或者說，至少我們認為應該是。如果一個人可以做一千次的仰臥起坐，但卻跑不了一哩路、攀不上繩索或做不了一下伏地挺身，這樣可以稱得上是「健身」嗎？我認為，他們一點也不強健；他們只有一種能力。這看起來是專精的人，也就是說，他們是只擅長一件事、別的事情都做得很糟的人。我這一門課的重點不在於培養專精者，而是要培養通才。我們的目標，是要打造所謂的「一般性的體能就緒狀態」（general physical preparedness）。

孩子們，我希望你們有能力、且做好準備，幾乎能無所不能。我希望你們能攀上繩索、跑一哩路且能舉重。我不想看到你們在體育課上擔心自己能不能在某個單項運動中成為冠軍；這部分留給專才去辦就好。我們要的，是盡可能培養體能以從事多樣活動。

我們的座右銘是：一般性的體能就緒狀態＞專門性的體能就緒狀態（specific physical preparedness）。

原因何在？嗯，這有幾點可說。第一點是競爭優勢。你在某個項目上當然贏不了專精者，但是在多數非屬其專長的項目上卻辦得到。你能舉起的重量贏不了舉重選手，但是跑步可以跑贏他們，柔軟度和速度也比他們好。你跑步贏不了鐵人三項選手，但是你可以比他們舉起更重的重量，肌肉張力也比較高。還可以繼續講下去。通才主義會給你更多優勢，因此，如果舉辦以完成各種不同運動為目標的健身奧運賽，你可能在任何項目都得不了第一，但是總積分可以抱走冠軍。這就是我們所努力的目標。

還有這個：你也必須了解，健身與健康並非同一件事。我們說，健身是能完成某項任務的能力，健康則指的是組織與身體系統之間在理想狀況下進行交互作用。專精的問題，在於你會把健身練到極限、以至於有損你的健康。你會很努力在某些體能項目上把自己訓練到最好，在過程中弄傷你的背或是引發腎衰竭。在健身界裡，這些都是會發生的真實事件，一個人為了想成為世界第一等而損害了身體健康，是常見的代價。任誰都無法否認，一個人要把健身練到很頂尖的狀態，才能在這些運動項目表現得極為出色，但我也懷疑有誰能否認他們付出了很高的代價。足球員到頭來會有點腦震盪，舉重選手終究都需要新的脊椎，體操選手的手肘最後都嚴重變形。這些就是專精的代價，完全無可避免。

但通才就不就被這些問題折磨，因為他們根本不在意是不是在某個面向上拔得頭籌。通才（我說的就是你，孩子）不用讓健身與健康背道而馳，事實上，根本完全相反。不管我們為了加強健身去做什麼，最低限度都應該要做到不能有害健康，更好的是要做到能增進健康。這表示，如果我們從某個意義上來說愈來愈強壯，希望看到的是在同一個意義之下也變得更健康。健身是健康的基礎，健康也是健身的基礎。

▼一般性的體能就緒狀態：一頁運動方案指引

你可以運用以下的簡單計畫，開始展開你的一般性健身行動。（計畫結尾處有更多資訊可供參考，也有連結提供其他訊息。）

概論

每天走路二十到六十分鐘。進行以下的例行活動，在早晨為自己充電／提升活動度：跳繩兩分鐘，土耳其起立五分鐘，印度伏地挺身兩分鐘。

- **第一天：**推的動作，髖關節鉸鏈的動作——五RM做三次為一組，總共做五組。
- **第二天：**蹲的動作，拉的動作——十二RM做八次為一組，總共做三組。負重行走一分鐘為一組，總共做三組。
- **第三天：**間歇跑。十秒鐘衝刺短跑，三十秒慢跑，一分鐘快走。重複十五至二十五分鐘。

- **第四天：**推的動作，髖關節鉸鏈的動作——十二RM做八次為一組，總共做三組。
- **第五天：**拉的動作，蹲的動作——五RM做三次為一組，總共做五組。負重行走一分鐘為一組，總共做三組。
- **第六天：**推的動作、拉的動作、髖關節鉸鏈的動作、蹲的動作——七RM做五次為一組，總共做三組。
- **第七天：**僅做行走和活動度運動。

運動選項

請上我的網站（www.chroniclesofstrength.com），上面有所有運動的教學。

- **推的動作：**軍式肩推、仰臥推舉、撐體、伏地挺身。
- **拉的動作：**正手引體向上、反手引體向上、划船運動。
- **鉸鏈的動作：**硬舉、單腿硬舉、臀推、盪壺鈴。
- **蹲的動作：**前蹲、後蹲、高腳杯深蹲、分腿深蹲。

- **提物行走：**農夫行走、過頭負重農夫行走、架式行走。

附註

@RM意指「最多能重複做@次數的重量」（at repetition max），因此，「七RM」是指當你在做某一種要負重的運動時，你的負重量是你重複做的次數無法高於七次的重量。強度最重要，請確認你的負重量足夠。

其他建議讀物與相關資源

Intervention (Dan John); *Paleo Workouts for Dummies* (Kellyann Petrucci, Pat Flynn); "101 Kettlebell Workouts" (Pat Flynn), 101kettlebellworkouts.com上有免費資源。我的 YouTube 頻道有各項運動的教學指引：www.youtube.com/user/supmuhhumbruh。

要在健身方面成為通才，必須善於做很多項目，不能專攻一項。因此，當一個人可以把很多運動項目做得很好，就算任何一項都沒有做到最好也沒關係，我們可以說此人是「健身通才」。大家都懂了嗎？請把這一點記入筆記中。看到了吧，這就是第一條原則：一般性的體能就緒狀態＞專門性的體能就緒狀態（技能堆疊＞專精）。

現在請好好聽了，因為接下來的部分很重要。我剛剛的論述重點是理由，解釋我們為何應該把焦點放在成為通才而非專才，現在則要告訴你要如何做。這部分的做法乍聽之下有點諷刺，但我保證，一旦我們進入實例，就合情合理。聽起來諷刺的理由如下：通才實際上是短期的專才。我知道，我剛剛花了十五分鐘論述反對專精，但實際上我要講的並不是不要去運用專精的做法，而是**不要成為專才**，兩者之間天差地別。使用專精的做法，是為了做得更好而專注於去做某件事，成為專才則是一種承諾，你認為你會在某個面向上找到成就或幸福，因此你誓言在這方面成為最優秀的那一個。說起來，專才是長期都運用專精做法的人，通才則是短期使用專精做法的人。請坐好，聽我仔細道來。

通才（無論是在健身方面或其他方面）不會為了要在（幾乎）每一方面都有好表現

而嘗試同時去做每件事。這是愚人的假設。這種辦法只會沖淡效果，讓人根本無所適從。反之，通才必須學會猛衝、然後維持，他們必須學會如何在某個領域推進、同時又不會完全忽略其他事物。這是第二條原則：好的通才是短期的專才。請記下來。

舉例來說，如果你希望在舉重方面有更好的表現，那你就應該騰出一段時間全都花在這件事上，我們應該把舉重變成運動方案中的初始焦點。這不表示我們就不能兼顧跑步、伸展或練習倒立，只意味著應該設定先後順序。這代表，如果我們陷入一個只有十五分鐘能健身的情境時，應該把最多的時間花在深蹲、硬舉或之類的練習。要學會一項技能，必須特別去練習這項技能，因此，我們要運用短期專精的做法，以便能用最高的效率培養出我們需要的技能組合，一旦在這項技能上達到足夠的熟練度時，就要轉回維持模式，把注意力移到新的技能上。因此，我們可能會從一星期做四次舉重變成一星期做兩次，然後把更多心力放在跑步、體操或其他你想做的活動。以上是舉例說明如何應用原則，先別拘泥於細節，此時此刻，只要知道我們必須把大量的注意力和精力放在想要加強的部分，但同時，也要分配適當的注意力和精力以免其他方面退化，這樣就夠了。

短期專精原則所憑藉的基礎之一，是不管任何技能，一開始學會之後，要維持下去就沒有這麼困難了。這是我學到的心得。你要花費很多的心力，才能成功硬舉起比你體重多兩倍的重量，但保持下去就沒有這麼難了。同樣的，要學會倒立比持續做倒立需要耗費更多心力。當然，某些技能會消退得比較早，退化的速度比你設想得更快，但是維持任何技能需要耗費的心力，絕對比不上一開始學習的時候。就以學腳踏車為例：學習腳踏車要花一點時間，但之後幾乎不費吹灰之力就可以騎得很好。就是因為這樣，我們會把比較多的注意力和精力花在培養技能而不是維持技能；世間萬事萬物，也都是這樣運作的。但，在此同時，我們不能期待技能可以自己維持下去；就算不像過去那樣投入，還是需要分配一定的練習時間。

看一看我們課表，可能的情況是把一個單位的時間花在練肌力，一個單位花在訓練，另一單位放在活動度，並把最後一個單位放在其他項目上，雖然在這些單位時間裡顯然都是從事「專精」活動，但也維持了我們到目前為止練習的所有項目。我們在訓練的單元會舉重，在練肌力的單元也有伸展到，只是伸展並非我們此時花最多時間的項目。我們仍把最多的注意力放在單元的主題上。這樣你懂了嗎？你有沒有記筆記？這可是很重要的原則。如果你不懂何謂短期專精，也不知道如何把焦點輪流放在每一項特定的技能上，就無法成為好的通才。

基本上，我的意思是，如果你瞥一下通才的訓練方案，你很可能會以為此人是專才，但是，如果你把範疇拉大，檢視計畫長期下來如何轉變重點，就會開始看出我們實際上在追尋的目標：幾乎能勝任、擔當任何一件事。

這導引我們進入下一條原則：百分之八十法則，這是說，如果百分之百代表在某方面成為「世界第一等」，那麼，我們任何一件事上不應該做到「好」過百分之八十。這聽起來可能比上一條原則更匪夷所思，但是，同樣的，如果你願意安靜坐下來聽我慢慢說，這是有道理的。我真心感謝你們的耐心。你們都是好孩子，而且長得又好看！

假設我們的目標是在幾乎每一件事上都做得比多數人好（這就是所謂的通才），那麼，我必須問問你，你覺得我們在任何事情上面有需要做到「好」過百分之八十嗎？答案是否定的；你在任何技能上的熟練度都不需要超過百分之八十，然而，如果你想要成為專才的話那是另外一回事，但是，討論如何成為專才並非我們這段對話的用意。這是第一點。第二個的理由是，把一件事做到百分之八十「好」，就已經超越所謂「熟練」

的門檻了，很難想像，在什麼情況下，再把這件事情做得更好，對於任何一個你沒有要花一輩子專攻的目標會有太大好處。舉例來說，如果你想要在體能上達成一般體適能，而目前你的情況是仰臥推舉能舉到接近兩百多公斤重（以舉重來說，能舉這樣的重量至少在百分之八十以上），但你的體重超重二十幾公斤。再加大你做仰臥推舉的重量，無法幫助你達成一般體適能的目標。這個時候，我認為你的問題是營養控制。我想，你該去學其他技能了。

百分之八十法則確實是經得起考驗的照妖鏡，可以幫助我們找出問題「不在哪裡」；這是因為當你愈接近百分之八十的界線，你愈能確定這項技能對你來說不是問題。再舉一個範例：如果你可以跑八十幾公里，但是你沒辦法做到引體向上。這個時候，心律系統不是問題，你的問題在於缺乏肌力。

最後，我希望你知道，百分之八十是界線，而不是目標，因為多數人都不需要精熟到這個地步才能從中得到他們需要的。多數人不用在硬舉上舉到最大重量的百分之八十，也能達成他們想從硬舉當中達成的目的；他們可能只要舉到百分之二十到四十的重量就夠了。百分之八十法則說，我們絕對不要在某一件事情上做到「好」過百分之八十，因為一旦達到這個境地，我們就不再是通才了。

大家都懂了嗎？很好！因為，現在我們要去談下一條原則：整合∨分離。這很可能是最複雜的原則，但同時也是最值得理解的原則，因為太多人對於培養技能這件事感到困惑，但事實上根本不需要那麼複雜。

整合∨分離講的是你必須以你想要達成的目標為脈絡，在這個範疇之下練習你想要增進的技能。就以引體向上為例。這項技能可以用來達成多種目標，你可以利用引體向上來培養肌力、增大肌肉或是鍛鍊耐力。你練習這項技巧的方式，將會決定效果。比方說，如果我想用引體向上來鍛鍊肌力，那麼，我應該減少重複次數、但增加重量，在腰帶上掛一些槓片。如果我要運用引體向上來增肌，那應該多做幾下，但重量輕一點。最後，如果我要利用引體向上來增進耐力，我應該盡量重複多次。現在，我知道有些人覺得這個範例很荒謬，因為你們現在可能連一個引體向上都做不到。但是，先讓我們假設引體向上不是什麼天大的困難任務；這不應該是，而且，在我對你細說分明之後，也不會是。

整合∨分離的重點是，要務實，我們必須在創造出成果的脈絡之下練習每一項技巧與技能。如果我們執行的是增強肌力方案，那麼，我們僅需要演練能培養出最多肌力的運動，而且，我們應該依循能讓我們強壯的組數與重複次數來做練習。在這個時候，學習和目標無直接關係的運動，就算這些運動看來很有趣，也是無用。比方說，在這個案例中，我們就沒有理由去學蛙式。蛙式是很好的運動，對於培養耐力來說也很有用（因為游泳有益於培養耐力），但除非是老人健身，不然的話，我們不應把多數用來強化肌力的時間花在游泳上。這就好像你想畫風景寫實風格的油畫作品時卻跑去學畫卡通。

整合v分離強迫我們一開始時就在心裡牢記目標，根據我們想要達成的結果提出規畫。多半時候，這能幫助我們具體聚焦，勤練為了得到特定結果必須具備的技能。舉例來說，如果我們想在跑步方面表現得更好，那就應該提出一份整合計畫，計畫中要教你跑步力學並以提升有氧能力為重點，而且，更好的做法是，我們應該要能在這些有氧訓練方案的**脈絡之內**演練跑步力學。換言之，我們要在跑步訓練方案**範疇內**練習跑步技巧。我說的重點是，要做到最有效率，把專注力和心力盡可能完全放在我們需要強化的部分，不要把任何時間浪費在無關或不當的活動上。何謂無關或不當的活動？簡單來說，任何和目標無直接相關的事均屬之。如果目標是要成為更好的跑者，那麼，仰臥推舉就是無關或不當的活動，但是，如果目標是要鍛鍊出更大的胸肌或增進上半身的肌力，那這就不算無關或不當。這項原則需要脈絡，任何技能或技巧都可以靠這條原則驗證，前提是你很清楚你想要達成的目標以及需要什麼技能。

雖然我們（根據第三條原則）應該時常做仰臥推舉以維持已經培養出來的肌肉和肌力，但是跑步訓練方案不應把過多的焦點放在這裡。雖然我們（同樣的，根據第三條原則）應該經常跑步以維持這項技能，但肌力訓練方案也不應過度著重這部分。長期來說，我們會經常變換，繼續獨立發展每一個領域。

這導引我們來到最後一條原則：重複與抗性。不實際動手去做、不去想辦法在進行時讓事情變得有點難度，我們就沒有指望在任何方面變得更好。換言之，如果我們想變得更強壯，我們必須運動並增加負重。請記住，增加負重是增加抗性。不管有多喜歡原來的運動，只是一成不變地去做是不夠的。我們必須針對自己想要加強的部分做演練，我們必須找到方法在這方面挑戰自我。就以伏地挺身為例吧！因為我認為這是每一個人都**應該**能做到的運動，如果你辦不到，我在這裡也提供一個學習的機會。首先你要理解的是，除非你真正去練習（重複），不然你絕對無法把伏地挺身做得更好，還有，除非你找到辦法把這項運動變得有挑戰性（抗性），不然的話，你絕對無法超越某個水準。這可能意味著每一組要多做幾下伏地挺身（增加密集度）、一整天裡要做更多伏地挺身（提高總量）、做伏地挺身時增加重量或改變角度（提高強度）或是更常做伏地挺身（提高頻率）。改變這些變數都能提高抗性，所有方法都有用，但是有些用在某些運動上的效果會比較好。但也請記住，我們在做伏地挺身時設定的自我挑戰，應該取決於前一條原則（整合∨分離）。這是指，舉例來說，如果我們想利用伏地挺身來培養肌力，那就應該把更多重點放在增加強度（增加重量或改變力矩），如果想要藉此培養耐力，就應該更著重於增加密度（提高每一組的次數）。同樣的，我們也需要一些脈絡，但，現在我們先不談具體細節，我只希望你理解這些原則以及它們的普遍性就可以了。

對，普遍性。目前為止，我談的是如何把這些原則應用到健身範疇中的技能，但是，此時此刻或許應該脫掉我的運動短褲，改提幾個類比，談一談如何把這些原則應用到其他訓練上。（當然不會真的脫掉短褲，因為人可能穿了內褲出門，也可能沒穿；你看，我替自己做了決定了，有一天你也要替自己做出你的決定。）

且讓我們假設現在的目標是要加強寫作，然後來檢視這五條原則。首先，我們要決定想增進的是哪一方面的寫作。我們是想成為更好的幽默作家、奇幻小說家，還是其他別的？假設我們想要成為更好的幽默作家（短期專精）；我認為這是一個很好的起點，也是一項很有用的技能，如果你想要開始經營部落格或寫書的話，尤其有益，因為能讓人發笑是一件好事。之後，我們要去思考，自己需要哪些技能才能搏人一笑。首先，要有觀察力，因為所有的幽默基本上都是在告訴人們事實真相，只是用的手法比之前更有效率。舉例來說，我有一天看到一條值得一笑的定義，那是這樣說的：「**慈善**：動詞，意指製造出忘恩負義者。」我認為這很棒，因為這是每個人都能感同身受的定義。你可能記得某一次你敞開家門，讓別人進門、招待對方吃晚餐還讓他們沖澡，對方有跟你道謝嗎？沒有，所有人都把碗盤丟在水槽，排水孔還卡了頭髮。等到你覺得該下逐客令時，你又想起耶穌在寶山上說過的話，諄諄告誡你應如何面對你受不了的人，然而，因為你不是《聖經》學者，你不太記得詳細內容了，但你很確定內容必然是要你為善之類的。

在我看來，這個定義的有趣之處，來自於用大家認為理所當然的事讓人大出意外；至少其中有一部分是這樣。因此，你開始培養自己的幽默感時或許可以多加注意身邊的情況，並記下看來很諷刺的事物。這就是重複和抗性。假設你也和我一樣投入健身領域，那麼，你很可能會特別注意健身房裡看來很諷刺的現象（整合v分離），這裡可有不少材料，誰知道呢？此時，我不想太過深入去談這一點，我只想指出不管你想精進哪些技能，這些原則都可適用。幽默顯然是一種基本上可以連上任何事物的技能，因此用這個範例來說明技能堆疊再適合也不過了。

我想要針對這一章做個總結：請牢記這五大原則，開始思考如何把它們應用在你想精進的事物上。或者，你可以應用這五大原則進行評估，檢視為何無法如你所願，快速強化你想強化的部分。我們在做事時，有些方法會有幫助：你可以應用通才主義的這些原則，求得快速的進步，你也可以應用這些方法，針對你已經開始做的事找到你卡在哪裡，以及原因何在。

在接下來幾章，我會開始介紹一些我相信必備的基本技能系列；我們如果要開始堆疊各種不同的技能，需要能架起堆疊的基礎，而這個基礎應該包含對每個人來說都有用而且很棒的技能。如果你需要休息去上個洗手間，去吧，記得趕快回來，有趣的部分就要開始了。

Chapter 4

How to Practice Better and Improve Faster

第四章

如何學得更好且進步更快

人一直都在犯這樣的錯。我們避免去做自己做不好的事，持續去練習自己擅長的事，希望有一天短處會自行好轉。

我已經談過通才主義的原則了，現在，我要告訴你我如何透過特定的技能或老師學到這些原則。但，在開始之前，我想先告訴你的是這些原則放諸四海皆準，不僅限於任何特定技能，就算我是透過彈吉他、種茄子或諸如此類的活動得出心得，也無損這一點。就算我已經知道有這些原則，但很多時候它們並未完全融入在我的意識裡，有些概念就像是做糕餅的成分一樣，需要多一點時間融合定型。我想，對你來說可能也是這樣；這些原則很多不過都是常識而已，有時候，人需要的就是刻意建構、更新或是讓這些原則浸透而已。就以下幾部分而言，我的希望是，藉由透過更充分說明這五大原則的每一條，並提出一些脈絡以解釋如何應用這些原則，或者，至少是如何應用在我身上，我能夠達成前述的效果。之後，我們會具體去談，根據這些原則，我們如何針對堆疊技能去做練習以及要練習哪些項目。

請理解，這五大原則是通才主義的指引與哲學基礎，少了它們，我們之後檢視的任何戰術，其效用都會很有限，而且會把你推往錯誤的方向，去追逐無意義的事物。導引我們的是原則，千萬不可跳過。要有耐心，並徹底讀完接下來幾頁的檢視。這些課程內容不冗長也不沉鬱，但非常重要。

原則一：技能堆疊＞專精

我從高中時的吉他老師身上學到技能堆疊；一開始他讓我很不開心，因為我想學的只有速彈風格的吉他獨奏。每一次我提議要練習這部分時，他就說我們應該花點時間也學習其他風格的音樂。他說，他看得出來我急於進入速彈獨奏領域，但是，光學會這個並不能讓我成為更好的音樂家。

基本上，他教我的是，我在這類獨奏風格上的表現已經很好了，再加強也不會讓我達成我自己設定的目標。他說，他之所以能堅持做吉他手這一行，是因為他能填補音樂工作室或樂團裡任何有需要補上的位置。這不是專才（特別是只會速彈風格獨奏的吉他手）能做到的事。之後，為了證明這一點，他讓我看他確實能彈搖滾樂、爵士樂和鄉村音樂，他能唱歌，他還能用鋼琴、貝斯和鼓來一段即興演奏，還有這個那個，因此我判定，此人或許有兩把刷子。但這些還不到他會的一半，因為他還讓我看到他有多善於製作和行銷，他出了十三張專輯，以任何個人出版的傳統標準來看，沒有一張是失敗之作；這是指，每一張專輯都賣出了十三張以上。

你可能以為，這個時候我已經接受他的說法了，但，別擔心，我並沒有。我還是執著於要成為專才：在一個根本沒有人要聽這種技巧的時代，成為最偉大的速彈吉他獨奏家。而他不斷想辦法要我理解他的建議並要我記住。他說，正是因為他從來不是任何方面的第一把交椅，他才能得到有薪酬的巡迴演奏機會，在養活自己的同時也能養家。他也說到，能把很多事做好讓他有很多不同的收入來源，包括在樂團兼差、在錄製時伴奏、出售自己的音樂，當然，還有教像我這樣的好人彈吉他。他就是靠這個，以一個沒有名氣也不是全球頂尖吉他手的身分年賺約五十萬美元，而且，他也沒有大學學位。當他對我說這些時，我的反應是：**哇，此人賺的錢比我爸還多**，而且，我不是開玩笑的，他也真的說了：「我打賭這比你爸爸賺的錢還多。」這讓我很震驚，因為：**你知道你說的這些話聽來很怪，但基本上我想你說的是對的**。

嗯，這個人賺了很多錢，而且他做的是我想做的事：他彈吉他，而且他在這方面很棒。當然，他不像AC／DC樂團的吉他手安格斯．楊恩（Angus Young）這麼有名，但他真的很好，而且他不用仰任何人的鼻息。他創作自己的音樂，決定自己的排程。他做他熱愛的事，而且做這件事讓他大有收穫。

這一切的祕訣就在於：技能堆疊。

他可以演奏多種風格的音樂和不同的樂器，他也花時間學習所有必要的商業相關技能，例如製作、行銷和銷售。他是第一個承認自己在任何方面都沒有做到最好的人，而，他也不需要。所有真正的通才都知道（對吧，朋友？），你只需要在各種必要的技能上達到夠好的水準，然後用獨特且有用的方法把這些堆疊起來，就可以了。我的吉他老師正是這樣做，也就是因為這樣，很多人會在錄音需要幫忙時找他，因為多數樂團不需要只專精一件事的第一等人才，他們需要的是今天能彈搖滾樂、明天能彈爵士樂的人，如果還能賣一些器材用品那也不錯。

我從吉他老師身上學到的，是技能堆疊可以應用在最底層和最高層，可以限於特定技能的範疇內也可以套用到人生整體。舉例來說，他可以把他的技能以及他能提供的服務傳出去，他也灌錄了還不賴的專輯（事實上，相當動聽）。一直要到我年紀更大了之後我才懂得欣賞這一點，但，回顧過去，現在我可以看到這些作為都是經過深思熟慮，而且效果很好也很棒。

他和我之前請過的許多吉他老師形成強烈對比。是的，其中某些人是技巧更高超的吉他手或技巧比他更純熟，但是他們不具備音樂多樣性，更少人知道如何行銷、製作或銷售。正因如此，他們有些人還是只能住在樂器行樓上的工作室，讓女友分攤房租。他們沒有可供堆疊的技能，因此寄望自己成為夠好的專才，獲得唱片公司的青睞。

我認為，最後一點是通才和專才的最大差異。專才努力在某方面成為最好的那一個，藉此吸引某個人慧眼提拔，簽下某種契約；到最後，他們得要仰賴某個人。但，通才會去培養他們需要的任何能力，他們可以完全靠自己成功。我親愛的小兔兔啊，這正是得到甜蜜甜美自由的祕訣。

我還是年輕吉他手時就學到這條原則，但一直要到成為企業主之後才完全應用；到了這時，這條原則變得顯而易見。在經營企業這件事上，我在任何面向都不是最好的那一個：我不是最善於寫作或銷售的人，也不是最會訓練員工的人。但我在各方面都可以做到很好的程度，正因如此，我才能一直靠著做我喜歡的事賺到錢；真真確確做的是我喜歡的事。就因為我可以推疊技能，因此可以勝過任何在特定專業面向顯然比我有能力的人。所以，就算某個人能比我做更多下引體向上，那又如何？我也可以做很多下引體向上，但你知道嗎？我還可以發動成功的廣告活動，但那個很會做引體向上的人根本不知道我在說什麼。很可能也有某個人比我更能推動廣告活動，但我猜我的體態好看多了。

你看懂這條原則如何發揮功效了嗎？身為通才，只要你知道要爭什麼，你永遠都是贏家。

簡而言之是這樣：技能堆疊奠下了成功的基礎，讓你有機會過著豐盈、有意義、有創造性且**獨立自主**的生活，就好像是羊駝一樣：牠們永遠屹立在安地斯山（Andes）的山頂上，堅強而自由地；對了，別忘了，牠們還毛茸茸。你要如何堆疊這些技能，是我們之後要談的主題。但首先，且讓我們花點時間談下一條原則，這可以更具體應用在培養技能上，那就是：短期專精。

原則二：短期專精

當我的焦慮嚴重到一個極點時，我決定，我必須要能掌握些什麼，我覺得該開始做點冥想了。我聘用一位線上教練，他是一位很懂「禪」的人，他問我的第一件事，是我多常做冥想。我對他說我不常做，偶一為之罷了。他問我，這是指一天花幾分鐘？我說五分鐘吧，有時候根本沒做，因為我有很多別的事要做。接著，他問我花多少時間去做對我來說意義重大的事（比方說運動和彈吉他），我說基本上我每天都做。此時，我看出他的用意了，於是我搶先說：「你知道嗎，教練，我想，我想到我需要什麼了——你知道我需要什麼，對吧，教練？——我需要開始練習冥想，就像我練習彈吉他一樣。教練，你對此有什麼想法呢？」他說這聽來非常明智，而且他很好奇我如何得出這番豁然開朗的結論。他對我說，冥想一如任何技能，必須靠專注和強度來磨練。他說，不能只是「在方便的時候」去做冥想，就像你不會用這種隨意的態度去做運動或練吉他、又希望自己能愈來愈好；這樣是不會進步的。「想要進步，你需要的，」他繼續說，「是持續性。」他問我有多想擺脫焦慮，我說我會用盡一切力氣。他說，這聽起來很有決心，但他問我：「焦慮是你最痛恨的東西嗎？比方說，比你去剪頭髮時掉在你後頸部的細毛更讓人討厭？」我想了一想，結論是兩者讓我厭惡的程度差不多。他也因為這樣而了解到我受了多大折磨。

他問我，為什麼把很多其他事情放在比較優先的地位，而不是擺脫焦慮？他在想，如果焦慮是我最大的煩惱，為何我把這麼多心思放在和這無關的事情上？我對他說我不知道為什麼，他猜想，這可能是因為我害怕什麼。他說對了。我害怕我擺脫焦慮後會放棄的東西。我承認，我害怕如果我開始專注於某件事，比方說冥想，我在其他方面就不會進步，就再也不能把其他技能學好。他懂了；我跟他說了這些心裡話，這件事也讓我很焦慮。

他看起來快被我惹惱了，他給我忠告，說能不能進步端看你如何處理衝突，而我不應該用這麼幼稚的觀點來看事物。如果我想要解決某個問題，就必須願意在其他方面少有進步，至少暫時如此。他提到，如果我要努力去擺脫焦慮，那我就不應該一直擔心在舉重方面能不能破自己的個人紀錄或是能不能增進自己的寫歌功力，我應該只把焦點放在把冥想做得更好。我不應任生活的其他領域分崩離析，我要願意偶爾放下進步，用「機會成本」的概念來接受現況：犧牲某個領域上的收穫，以換取專注在另一個領域。

我理解他的話，但我不喜歡。他說，不管我喜不喜歡，人就是這樣才能進步，我也不用永遠都專門鑽研冥想，我只需要投入足夠的時間以求得進步並養成習慣，然後我就可以稍微放手。他說，一開始我必須投入更多努力和精力以克服慣性，等到我培養出動能之後，就能很輕鬆維持下去，從這方面來看，冥想也就像是一種運動。當時我不懂，但他就是在對我解釋短期專精這條原則。

我想所有人都跟我一樣，有著相同的恐懼。我們在某個領域有了進步，之後我們就會害怕要轉換焦點，因為不希望見到之前有的進步消失了。我們害怕，在減重之後如果著重於增肌，我們就不會像以前這麼精瘦，因此讓自己維持節食循環。這樣當然可以瘦，但會有代價。到最後我們什麼也沒增加，什麼也沒進步。

但是，如果我們可以接受暫時轉換焦點，這樣可以增進肌力和肌肉量，在過程中稍微增加一點體重那又怎樣？我們之後隨時都可以再把重點放回精瘦，這麼做時，我們看起來會比以前更好看，因為肌肉的線條輪廓會更明顯。

短期的少許犧牲，可以換來長期可觀的進步，這就是短期專精。

所以，沒錯，我在冥想時大幅減緩我的焦慮，但其他事情上面的進步就沒那麼顯著。但我還是維持下去，甚至還提升了某些技能。當你轉換焦點時，並不表示就會讓其他的技能付諸流水。要做好冥想同時去做其他事（比方說維持身體的活動性），並沒有這麼難；你有足夠的時間同時在短期專攻兩者；但是，要成功創業同時接受比基尼大賽的訓練與錄製專輯，就很困難了。我想，像這類目標，一次做一個會比較好。

重點是，當你在你最想提升的領域衝刺時，你要能接受放慢其他領域的發展腳步。當你在求某方面的進步時，如果某些領域不進反退，你也要坦然面對。

這些在理論上都很說得通，但是做起來很多時候讓人放不開，因為一旦擅長於做某件事之後，我們大概都受不了看著這方面的技能退化，就算是一點點也難以忍耐。你必須像我一樣，克服這一點。到了某個時候，就是必須做出犧牲，而且很可能是刻意做出的犧牲。

請記住，你不會永遠都在下滑。等你之後再回過頭來，提升的幅度很可能遠大於之前，這是因為，當你給自己時間去精進其他領域，很可能也有助於你之前做的事。

舉個例子，假設你因為硬舉而變得更強壯，但之後你決定要減重，因此你進行飲食控制。很有可能，當你變瘦時，在硬舉上的表現就不像過去那樣好，就算你仍然在訓練自己做硬舉也一樣。你要接受自己在硬舉上的表現下滑，因為這是你付出的犧牲，你在身體結構上的進展足以抵銷這項技能的退步。一旦你瘦到你想要的程度，就可以再度把焦點轉回硬舉，接下來，你會發現自己在這方面更強壯了，而且，這一次你還沒有超重十幾公斤的問題。這便是短期專精的力量。

回到我的冥想範例。教練說我在這方面的想法很傻之後，他要我每天早上一起床就做冥想，並且把所有的心力都投注進去。他說，每天也要用一項能產生焦慮的活動來挑戰自己，並透過正念（mindfulness）來看看我如何因應（請見原則四：整合 V 分離）。

我遵循他的建議。由於我願意暫時專門從事一項活動，也開始看到我的生活品質很神奇地改善了：我比較不焦慮了，也開始比較好睡，更因為這樣變得**更能**善待他人。這種效應顯然擴大了，提高了我其他方面的表現，因為減輕壓力代表能提高注意力與專注力。兜了一大圈之後，專攻冥想讓我在很多其他事情有更好的表現，包括健身，而這是出於延續效應，就像你從運動當中獲得到的延續效應一樣。並非所有技能都有這種效果，但很多都是。出現這種情況時真的是好事。

講到健身，應該很適合來講下一條原則：百分之八十法則；健身房裡可以完整闡述這一點。

原則三：百分之八十法則

我是在重訓室學到百分之八十法則的。我的跆拳道教練也是我最初的健身教練，他很清楚努力在運動方面成為世界第一沒有多大意義。我們所做的一切，都是為了讓我能在我想要做好的領域（踢腳和出拳）做得更好，為了能達成目標，他希望我盡量在多個不同的健身領域都能求得進步，不要太過偏重某個方向。這讓我能全方位發展，也代表我能在跆拳道上表現得更好。

我們花很多時間訓練肌力，也會跑步並伸展肌肉。雖然我從沒用通才的角度去想，但他的確讓我成為健身通才。和他一起做訓練時讓我印象最深刻的一件事是，做到夠好就好了，他從來不敦促我用全世界最重的重量做前蹲，他希望我在前蹲時舉起夠重的重量，能從運動中得到我想要的效果（以前蹲來說，這可以讓前側韌帶變得更強壯，也就能踢得更有力）。如果某項運動不能讓我在其他方面也變得更好，那我們就不要把這麼多的注意力放在這裡，繼續往前邁進。

嗯，稍微把時間快轉十餘年，到了現在，我們歸納出這條百分之八十法則，我之前講過，這是說通才應該把事情做到最多「好」到百分之八十，而且不要超過。我的企業夥伴索納斯・希卡德（Somnath Sikdar）又再度強化了這條法則。

希卡德在賓州大學主修電機工程，以經營一家武術館為生。他是很能幹的通才，善於處理圖表和數字。我提到這些，是因為當你愈是接近百分之八十這個門檻，報酬率下降的幅度就愈大，到最後根本就不值得投注更多心力，除非你想要在某件事上成為全世界第一，那另當別論。他把這個臨界點稱為「漸近取捨點」，如果你看過圖表上的斜率忽然變得平緩並開始以更快的速度減少，你就懂希卡德再說什麼了。在不斷進步的過程中，到這裡是一個漸漸拉平的點了。

我在前一章講過，如果你在某方面已經達到百分之八十卻還沒達成自己的目標，那問題可能不在你身上。舉例來說，假設你在仰臥推舉上已經做到百分之八十的程度。嗯，我檢視過未用禁藥的仰臥推舉世界紀錄，網路說是三百二十三公斤。假設三百二十三公斤為百分之百，那麼，百分之八十就是兩百五十八公斤（對男性而言）。相信我，這**遠**高於任何人想從仰臥硬舉中獲益所需要舉的重量。我重複：通才沒有理由在任何面向上做到超過百分之八十；通才沒有理由在任何面向上做到超過百分之八十；通才沒有理由在任何面向上做到超過百分之八十。

到現在為止，我已經重複「百分之八十」好幾遍了，但是我不希望你把這條原則想成是必須精準衡量的門檻。這比較像是一種觀念。基本原則是，當你要開始接受訓練以培養技能時，都要想著夠好就夠了，你在這項技能上磨練到愈接近百分之八十，就愈不可能對於你的**整體**目標有太多貢獻。

比方說，假設你的目標是要強化「一般性的體能就緒狀態」。好的，那麼，不要把大多數的時間花在做仰臥推舉時努力舉起一百四十五到一百五十八公斤重、卻把其他的事全拋諸腦後。把你的仰臥推舉重量設定在一百四十五公斤，並去練習倒立、衝刺短跑等等。這不是說你在仰臥推舉方面就不能有進步，而是說一旦你從這項運動中得到你想要的成果之後，就應該轉換焦點。

我說的是，要用百分之八十法則來當作短期專精的導引；換言之，一旦你達到「夠好」的門檻之後，就該轉換。

但你怎麼知道什麼時候夠好了？嗯，這取決於目標以及你希望從努力當中得到什麼成果。而，通用的概念是，你需要比較多基本的東西，比較少非基本的東西。

以鍛鍊肌力來說，你需要多舉大重量，比方說前蹲和硬舉，少做一點獨立的練習。如果是經營業務，那你需要多了解銷售，少去注意網頁設計。分離的練習可以輔助大重量舉重但無法取代，就像漂亮的網站可以支援高效的銷售流程，但是絕對不足以取而代之。

百分之八十法則就在這裡和另一個概念交會；後面這個概念更廣為人所知，但不應和我們在談的百分之八十法則混淆，但兩者可以綜合：後面這一條稱為八十／二十法則。八十／二十說的是，你百分之八十的成果來自於百分之二十的努力；多半時候都是如此。這也就是說，你在肌力方面的進步有百分之八十來自你選擇運動項目中的百分之二十；以業務來說，你有百分之八十的利潤來自於你百分之二十的銷售作為，凡此種種。

我們之所以需要知道八十／二十法則，不是為了要排除益處較少的部分，而是為了把你的時間和精力配置到最有效率之處。比方說，你知道硬舉是能創造高投資報酬率的「關鍵少數」運動項目之一（小提示：確實如此），嗯，這就是在告訴你把練習硬舉的比例拉到高於沒這麼有用的運動（例如彎腿後舉），是很值得的做法。我針對硬舉所說的「夠好」，會比彎腿後舉的「夠好」更接近百分之八十，因為硬舉在培養肌力時比彎腿後舉更有用。

且讓我們繼續談下去。數字部分談得有點多了，後面我們還有兩條原則要討論。接下來，我們要來看看透過整合如何能讓我們把選定的技能做得更好。

原則四：整合∨分離

創業的人都知道，關於創業，你不懂的事可能有幾百萬件，這讓你可有得煩的。（雖然說從大學輟學，經營部落格來記錄自己如何再度開始運動、藉此實現夢想是非常輕率之舉，但是，就算不是這樣也有很多煩惱……）創業會把人壓倒，要判斷付出哪些心力才是對的很困難，非常、非常難。

我的企業教練總是直接明講，他說，說到經營企業，有些事我必須做到很棒，有很多事我需要做到至少還可以的程度。他說，我需要善於吸引注意力和銷售，之後，我可能應該懂一點和管理、稅務以及有的沒的。他也說得很清楚，我**可以**聚焦在很多事情上面，但如果目標是賺錢，就只**應該**專注在其中的一些。他說，任何企業主說到底都要吸引注意力、進行銷售與留住顧客。他說，任何無助於這些面向的技能，一開始都可以先忽略。

這讓我想起以前學跆拳道時的往事。希卡德告訴我，踢法有一千零一種，但你只需要知道四到五種就可以出征比賽了：旋踢、後踢、前踢等等。他說，不需要投入太多心力去練習飛腿側踢或三百六十度旋踢，因為你很少會用到，至少在對練時很少用。嗯，音樂方面也是這樣，因為我的吉他教練也說過差不多的話：「不用忙著學晦澀難懂的爵士和弦或是奇特的印度音階，因為你被要求彈奏的多數曲目，涉及的都是少數幾樣東西的變化型，你想想看滾石合唱團（Rolling Stones），想想看所有以藍調為基底的搖滾樂團。徹底練好基礎，堅守基本面。」

整合∨分離這條原則，要從心中的目標開始。你的目標是什麼？你要如何達成？

整合∨分離和我們剛剛討論的八十／二十法則有點像，這並非巧合，因為這條原則意在幫助我們把重點放在重要的事物上。我們需要收窄範圍，這樣才知道要練習什麼以及如何練習。整合∨分離原則說，只做為了達成目標所必要的練習，其他的都別管。

但，這條原則也說，我們必須在想要達成的目標脈絡之內把這項技能練到最好。白話來說，如果我們想要彈奏某一首曲子，我們需要學G和弦，之後，我們應該在想要學的這首曲子脈絡之下練習G和弦：這是說，我們要和這首曲子的其他和弦連起來，還要配上節奏，諸如此類的。

我們很可能一開始時做不到，可能的原因包括這首歌的節奏很快、我們不熟其他和弦等等，因此很可能會把G和弦先從脈絡中拉出來，單獨練習一陣子，這確實是分離。整合∨分離原則並不是說絕對不可把某項要素分離出來，但指出練習時雖然先把你所需要的特定技巧或技能分離出來，之後必定要整合起來、朝向達成目標邁進。事實上，我們通常**都**需要先分離，因為那對我們來說是新的技巧或技能，馬上就納入脈絡當中並不可行。因此，我們必須先抽出這項技能或技巧單獨練習，一開始可能也必須慢慢練習或是分階段。我們換先撥這個G和弦，甚至可能只先彈G和弦的前兩個音符；我們可能先利用沙袋訓練旋踢，甚至是先訓練單腳平衡。但，一旦我們能把G和弦納入整首歌的脈絡或是在對練時演練旋踢，就應該要這麼做。就算無法馬上整合，也要訂下快速整合的目標，並且只練習我們要整合在一起的那些技能。分離的方法可能有無限多種，以上一個範例來說，你可以只用吉他的三根弦來撥G和弦。

且讓我用我們的術語來說清楚：整合代表要把演練放入之後要放入的脈絡裡，分離是指要把技巧抽出來獨立練習、讓你可以加快速度。分離是用來單獨學習技能或技巧的工具，這裡會出現一個問題，那就是人會落入分離的模式，開始因為學習而去學某種技能或技巧，無法用這些東西真正創造出成果，也不用來從事任何更大型的專案。

這種情況很多，比方說，你會去練習每一種你想像得到的跆拳道踢法，而不是把重點僅放在對練時取勝所需要用到的少數技能；或者，你撥弄每一種想像得到的和弦，而不是僅練習奶奶最愛的貓王歌曲所需用到的少數和弦。

通才主義的重點，並不是「為了學習」而去學世界上所有的技巧技能，而是要把幾種適用的事情做到更好、然後組合起來成為競爭時與創作時的優勢。因此，這表示你要去找出何謂基本技能，然後在這個範疇之內紮紮實實做練習。寫作是一種基本技能，但是你不需要為了擅長寫作而去鑽研字典裡的每一個字。事實上，你可能早就已經會了所有必要的字，足以讓你成為高效的文字工作者；你只需要把文字安排得更清楚就好了。

安排文字是整合的問題，而不是分離。

如果你認識的字不夠多，那麼，你**確實**需要花點時間研究字典或各類辭典。但就算是這樣，你花在字、辭典上的時間也不應多過完成任務所需。簡單來說，當你開始書寫、寫到發現你想不到你要的詞彙時，你就應該打開參考資料去找。換言之，你要靠整合作為分離練習的指引。當你需要某個字時，再去找；而不是把所有時間都花在尋找字上。

整合能告訴你要分離什麼。這是因為，如果你有做整合（亦即，以要創造的成果為脈絡來練習）並發現你少了特定的技能或技巧，那你就知道要分離出哪一種技能技巧。讓我們再以AC／DC樂團的歌曲為例，如果你正在練習彈奏〈下流痞子〉（Dirty Deeds Done Dirt Cheap）卻發現很難，因為你不知道如何彈奏「在其上**同時又**是其本身」的和弦，這代表你應該獨立練習彈奏「在其上**同時又**是其本身」的和弦，一直到你能完美掌握節奏，連想都不用想就可以在脈絡之下彈出和弦。但你不會坐下來在吉他上彈奏每一種節奏型態；這麼做就太浪費了。反之，你會讓整合告訴你要獨立練習什麼，之後你抽出來單獨練習需要練習的部分，直到你可以整合融入。聽起來合理嗎？認同嗎？不認同嗎？悶哼兩句代表承認，是很好的反應。

我們要如何分離與如何整合，則要以通才主義的下一條、也就是最後一條原則作為準繩：重複與抗性，但，我們先別跑這麼快。這些原則要依序出現，因為我判定它們就是會以這樣的先後次序出現；當然，這是很有道理的。如果你想的話，可以說這是一種由上而下的層級結構，我們一開始從了解目標為起點（技能堆疊＞專精），然後推進到一般性而言如何達成目標（短期專精）、要達成多少（百分之八十法則）以及如何具體推進（整合＞獨立，再加上最後的重複與抗性）。

原則五：重複與抗性

我剛開始健身時，大家都難以置信，這是因為我在朋友當中總是體態最糟糕的。我從來不擅長任何運動，我笨拙又笨重，因此，當我開始做重訓時，我的死黨們都不當一回事；事實上，根本沒人覺得我是認真的。

但隨著時間過去，我的體重開始減輕並練出肌力，過不了多久，一開始質疑我的人很快就來問我有沒有什麼建議。我是這樣說的：你要去理解什麼叫重複和抗性。那也是我們的起始點。

如果你想更強壯，如果你想培養技能（請記住，這條原則適用範圍遠超過重訓室），你必須練習你想要做得更好的技能，你需要找到方法讓事情做起來更有難度。以健身為例，你需要去做有挑戰性的運動，而且你需要提高挑戰性，因為你最終會適應。換言之，你要重複去做，而且要加大重量。

人之所以無法進步（無論是不是在健身房），部分原因就是他們重複做、但不加重量。他們已經養成例行公事，但是並沒有讓例行公事變得有挑戰性：換言之，他們沒有利用漸進抗性，只是重複做同樣的事。他們用同樣的重量來練習軍式肩推、做同樣多的伏地挺身或是跑同樣的距離。嗯，也用同樣的方式來學其他技能。重複只能帶領你到一個地步。如果你想更強壯，就要在你練習的技能上增加「重量」。

我想，很多人都懂，要精進一項技能就必須靠練習，但，我覺得很多人都不明白的是，要真正強化技能，你必須想辦法在難度更高的要求之下練習這種技能。只是寫還不夠，你必須試著從更高的層次上來寫或用不同的風格來寫。只是用吉他彈出音符還不夠，你必須用不同的節奏和拍號去彈。只是練習你已經做得好的技能還不夠，你必須去練習能讓你拓展能力的技能：也就是那些你還不擅長的事。

檢測標準是這樣的：如果你練習某種技能已有一段時間，而這項技能不會對你帶來任何挑戰，那麼，這代表你並沒有用上重複與抗性原則。你並不算是真正在練習，至少不是用最好的方式在做。因此，你可以不去理會我們常聽人說的無稽之談，不要去相信僅有練習到完美才有效，因為不管是誰說的，這個人一定沒有用大重量做健身。

當你覺得困難時，練習一定不完美，但是能有所提升。在此同時，就算你面對更多難度，你的目標也應該仍是要提升重複做時的品質：在你增加重量做蹲的動作時，膝蓋還是要打開，在你加快速度時，彈出的音符還是要清晰；換言之，不可能因為強度增加而和稀泥。當然，維持一致和增加強度之間有一定程度的互相競爭。如果你總是用同樣的方式重複做，顯然比較容易維持高品質，但是這有違你的目的。而，在此同時，你不應該因為任務有難度而容許自己輕忽品質。

如果你上健身房想有進步，就需要漸進超負荷，也就是說要增加抗性。事實上，不管是什麼，只要你想進步，也都需要增加抗性。而，你要如何提高抗性，取決於你在練習的技能以及你練習了多久。我們之後會再來談細節，現在只要知道一些一般新的因素幫助你去衡量什麼合適、什麼不合適即可。一開始，我會建議你背下以下這句箴言：「有挑戰，但能成功。」訓練到力竭通常也代表訓練你失敗；訓練到力竭是故意強迫自己超越你已知的極限，而不是明智地鍛鍊到極限，這是一大錯誤。因此，如果真有所謂成功練習的祕訣，那就是把你自己推到能力的極限，但不一定要超越。當你在鍛鍊你想加強的練習時，如果因為強度提高而導致品質下降，那麼，你在這方面就不是做得更好，而是在和稀泥。練習的目標可不是去和稀泥，你要做的是把這項練習做得更好，不管是蹲舉、和弦順序還是寫作句子，都是一樣。

偶爾你會超越極限（這稱為「策略性超越」），這不必然是壞事，但如果你一直這樣做，那就不好了。有挑戰，但能成功。有挑戰，但能成功。有挑戰，但能成功。

我們也不可忘記重複，抗性最後一定要回到重複。你不能把重量加到你根本舉不起的程度，或是針對你還不熟悉的項目增加重量，而，這就是重複的重點：不管你想加強哪一個部分，你都要實實在在去練習。針對你想要改進的部分重複練習；針對你想要改

進的部分重複練習；針對你想要改進的部分重複練習。不要期待靠著跑步能把引體向上做得好（這裡不考慮運動的間接延續效應。比方說，跑步可能有助於減重，回過頭來，讓人能更輕鬆做到引體向上。但是，跑步本身無法培養出引體向上需要的肌力）。想要靠著跑步加強引體向上聽起來很可笑，誰會想要去做這麼笨的事？但是，人一直都在犯這樣的錯。我們避免去做自己做不好的事，持續去練習自己擅長的事，希望有一天短處會自行好轉。但是，這是把解決問題和忽視問題混為一談。重複原則消去了這個選項。如果你希望擅長做某件事，你就必須練習。

好的，就讓我們來總結本章。我想，我們已經打下了必要的基礎，可以推進到其他細節，深究通用主義這項妙不可言的小冒險。我們談過了原則，這是練習時的憑據。接下來要談的會比較困難，難的不是理論面，而是實務面，因為很快你就要擔負起所有的責任。我希望我把話說清楚了：光是讀這本書，實際上無法讓你在任何一方面有更好的表現。有人懷抱這樣的期待嗎？天啊，我希望沒有。但如果真的有的話，老兄，當你看到我之後要求你做這麼多事時，你一定會失望。有好消息嗎？有，這套方法很有效率。我們會堅守這些原則，因此，我們做的事都機巧敏捷又符合科學。我們不能因為想做實驗而去浪費時間、耗費精力。這本書裡不做實驗，只有流程，我們現在開始就要轉向這套流程。

Chapter 5

Where to Begin: Metaskills

第五章

從「關鍵統合技能」開始

有些人專攻國際貿易理論。我認為這對很多人來說都走錯路了。錯誤的原因不在於這個世界不需要專才，而是因為我們不需要這麼多國際貿易理論專家來告訴我們如何讓世界經濟體運作。

在我家閣樓上，有一張我小學三年級時的照片。我不記得拍過這張照片（可能是因為我並不想拍），也想不起為何會放在我家，因為那是一張學校拍的大頭照，應該是我媽會收藏的照片，和我的姊妹布莉姬（Bridget）的照片一起掛在樓梯間。但這張照片不知怎地卻跑到我的書桌上，我一直無法拿開，因為每當我看著照片時，都有一種特別的感覺。為什麼會這樣？是因為我知道這孩子的人生將會有個顛簸的開端嗎？不見得。那和我的自我感覺不良無關，我比較強烈的感受是希望鼓勵那時候的我，如果我有辦法回到過去，我會向這個小時候的我打包票，告訴自己一切到最後都沒問題。

有很多人（其中有一些比我更有成就）會把自己心目中的英雄照片掛在牆上，但我卻是透過看著自己的照片而找到動力，聽起來可能有一點反常，甚至有點自戀。我愛看這張照片，是有原因的。我在這張照片裡穿著一件棕色配白色的背心毛衣，臉上掛著大大的笑容，露出了酒窩，笑容充滿了天真也充滿了煩惱，對我來說是一種自我提醒，要我努力奮鬥，他日成為一個讓照片中這個小男孩引以為傲的人。

這也提醒了我，我要的不**只是**成功，我要的不**只是**擅長於做某些事，我希望去做一些重要的、有意義的事。我希望別人記住我，我希望成名。如果真的能做到，那很棒，但，最重要的是，我希望能創造不同的局面。要做到這一點，我需要每天都去做，投入能啟迪小時候的我的工作，成為讓那時候的我期待的樣子（至少不用擔心）。最重要的是，我希望能向小時候的我保證，我的人生一定會有意義。我想做些事，而且是成大事。

我在前幾章說過，意義就蘊藏在自由裡，但我指的並非多數美國人認為的自由。我說的自由來自於知道、創造與從事好的事，這些比較偏向亞里斯多德說的那種自由，而不是美國特有的那種自由。美國人民……該怎麼說比較好呢？嗯……任性固執？天生反骨獨立？我們不喜歡別人指手畫腳告訴我們怎麼做。相信我，我懂；我也不希望由人家告訴我該做什麼，尤其是書裡面的人，我根本連這些人的面都沒見過呢。然而，各種類型的自由（一視同仁的自由和追求傑出的自由）並不互斥，只是不同類，而且，就像我們之前講過的，其中一種還是另一種的前提。我說過，你需要技能用來表達自我，用以去做、去知道以及去創造好的事，因此，你擁有愈多技能而不是專攻少數技能，你就會愈好，對吧？有人這麼說時，我想大部分的人都會認同，就算我們是天生反骨的美國人也不例外。

當我們開始認同通才主義時，也就代表開始反抗傳統的成就觀點；具體來講，通才主義是避免苦心孤詣、把一生都花在專精上，改為把很多事情做到還不錯、甚至很好至很棒的地步，然後想辦法把這些技能結合起來。

擁有技能、獲得知識是好事。到目前為止，我提了一系列用來培養技能的原則，這些其實都是通則，現在我就要進入細節面了，以下就是我認為應該要談的內容。

我最初在部落格上談通才主義時，很多人問我如何看待公立教育體系，因為我說的很多內容看來都和我們在學校裡學的相反，和大學教的東西尤其不同。大學導引我們走向專業化。學校教我們，如果要高人一等，我們要收窄自己有興趣的範圍，而不是擴大。這套系統是要愈拴愈緊。這便是人們會去攻讀經濟學等專業科目學位的原因，也是學生在畢業前將加深專業化視為主要目標的理由。舉例來說，有些人專攻國際貿易理論。我認為這對很多人來說都走錯路了。錯誤的原因不在於這個世界不需要專才，而是因為我們不需要這麼多國際貿易理論專家來告訴我們如何讓世界經濟體運作。我們知道的已經夠多了；不用了，謝謝。

為了回答我如何看待公立教育體系這個問題，我認為，進入羅傑斯先生和他的虛構社區上一課會很有幫助，而且可能很有趣：在那裡，我是那個世界裡所有學校的總校長……喔，不，收回……我是**大總督**。姑且讓我們把這套系統稱為世界教育系統。由於我們人在虛構社區，我們可以忽略在任何實際由上而下、中央規畫體制中會出現的技術面小問題。

就算這個想法上的實驗在現實社會中並不務實，但也不代表不能在個人面傳達一些訊息。當我在說明我要如何教育每一個神的孩子時（大致而言，我是指，我如何教導通才主義這門學問），我希望你能看到這些原則如何應用在你自己身上：也就是說，具體而言，你要知道如何成為一位通才。

我這套世界教育系統背後的概念，是透過一層一層的技能來教導孩子成長，基礎部分是對每個人而言都很基本且有用的技能，我們稱之為「**關鍵統合技能**」（metaskills），接著才傳授比較特殊、特定以及（可能）有趣的技能。

我們應該用以下的方法堆疊技能：首先，要打造基底，聚焦在所有能套用到每一個人身上的技能，比方說聚焦、邏輯和信念種種技能。（最後兩項聽起來互相衝突，但之後你會理解為何並非如此。）以基本技能為基底，我們可以開始去經營個人興趣：有人可能想當音樂家，有人想當拳擊手，諸如此類的。很好，就讓我們花點時間來培養這類「**興趣技能**」（interest skills）。最後，在多數情況下，會需要「填充物」、或者說是「**需求導向技能**」（need-based skills）：這是指你擅長做某件事但不等於能從中賺到錢，因此**需要**某些技能來填補兩者之間的落差。

綜合來說，技能有這幾種類型：

關鍵統合技能

能幫助每一個人的基礎技能，比方說，說服能力。

興趣技能

你有興趣且樂於從事的技能，比方說，彈奏烏克麗麗。

需求導向技能

為了能以你的興趣維生所需的興趣，比方說，行銷和推廣。

看看上述的技能堆疊，如果一個人烏克麗麗彈得很好，而且也懂一點說服的藝術以及如何做廣告，（幾乎）就已經是萬事俱備，就算不是世界上最好的烏克麗麗演奏家，也可以藉由彈他心愛的小樂器賺到錢。這便是我的世界學校體系要達成的目標：把每個人都應具備的技能教給每一個孩子，讓孩子培養出個人特別感興趣的技能，然後，在這之上，再加上讓每個人從做自己喜歡的事賺到錢所需的技能。這便是技能堆疊。

開學日

大總督的公開信

今天是開學日，歡迎來到世界學校系統。如果你有考慮其他選項的話，我很欣慰你選擇了這裡。現在你人在這裡，這一點最重要了。我們共聚一堂，這不是很棒嗎？我認為這真是**太**棒了。

未來我們要在這裡度過好幾年，因此，我認為我們應該花點時間了解彼此，並明白為何我們會在這裡。當然，這是因為世界教育體系的任務就是導引年輕人（也就是你！）達成能幹、有生產力、能實現自我的目標，並且成為有用、不要太討人厭的公民。這麼說吧，這個目標就是要創造天時地利人和的條件，確保所有的學生都能找到剛剛好的成就、幸福與和平的組合。

就因為這樣我才在這裡，好好看著你。我可以在你微笑的臉龐上看到澎湃的樂觀。

那是樂觀，對吧？還是，你需要去一下洗手間？好，**你**去洗手間，其他人請留在原地，並保持樂觀的樣子，因為我認為樂觀**太**棒了。就算我們絕不能覺得自己一定要事事如意，也都相信有某種上天之手在幫忙。我認為我們必須用某種非常特定的觀點來看世界，我也認為「講好條件」的觀點應該不錯，換言之，宇宙會獎勵主動走出去伸手要的人。這麼說吧，世界上沒有什麼冥冥中的恩賜，只有你敢不敢去要。

你不見得總是心想事成，但多半時候你都能得到你應得的以及一些你不應得的。沒錯，老天的眷顧一直都在，但你必須回應，你必須花時間培養自我、接受挑戰與發展人格。

一九六七年的電影《森林王子》（*The Jungle Book*）（這部戲可能太老了，你們多數人應該都不知道）裡有一幕，森林王子毛克利（Mowgli）躲進野外，加入一群大象，排成一列。領頭的大象名叫哈蒂上校（Colonel Hathi），踱來踱去，對著他的部隊喊話。在某個時候，他檢視一頭小象的象鼻，並說象鼻就是灰色的火砲。

「士兵，」他說，「記住了，在戰場上象鼻可以救你一命。」他隨後簡短談到他如何獲得森林幫主的任命，領導厚皮動物第五軍團，他聲稱「當時我因為驍勇善戰、表現超乎職守而獲頒維多利亞十字勳章，哈，哈！當年哪！紀律！紀律最重要！培養人格，以及所有的一切，你懂的。」

在這短短的場景中，哈蒂上校向我們透露了一個人生的大祕密：紀律為重。這是因為，紀律培養人格，「以及所有的一切，你懂的。」換言之，紀律等於自由：表達自我的自由，去做、去創造與去知道好的事的自由。

紀律是我們首先要學習的其中一項關鍵統合技能，因為，以每一個人都要具備的所有技能來說，這可說是最根本、最重要的一項。沒有了紀律，你**還有**什麼？你擁有的，都是雜亂無章的價值觀和排序。你沒了道德勇氣，無法拒絕以開心的事物來取代重要的事物。我親愛的小象，這可是一大問題。你這樣一定會成為動物本能的奴隸。

我們很快就要來處理這部分，還有，不用怕，這裡並不是新兵訓練中心。但我們還是有要依循的標準。在紀律之後的是**聚焦**，某種程度上，這是紀律的延伸，但我們也可以把聚焦想成應用紀律，或者是匯聚紀律。聚焦可以讓我們不至於分心。等一下我們會進行相關檢視。

接著是**邏輯**；如果我們可以學會邏輯，就能學會如何學習。邏輯技能負責管控許多基本層次以上的技能。少了邏輯，我們就會迷失，一點小事就會失足。有了邏輯，我們就找到了定位，可以釐清事實，不去說、不去做一般而言不太明智的事。所謂的邏輯就是：思考做對的事並且做好。

再來是我確定每個人都有興趣的，那就是**說服**。說到底，你要怎麼樣才能跟別人共處？你要怎麼樣才能讓人喜歡你？人們有時候會把說服想成一系列的心理詭計、老掉牙的話題或是操弄策略，但這些都不是說服；說服的重點是要採取某個立場、說出自己的聲音，並且用你說的話吸引其他人，或者說，至少吸引到一些人。

最後，我們要有**信念**。對，就是信念；而且，信念很重要。信念鞏固強化所有作為與創造，並導引它們朝向持續且有目的的自我發展邁進。信念讓我們不會在人生中去追逐錯誤的東西，比方說以賣淫為業或成為國會議員（請原諒我同一件事重複說兩遍）。信念讓我們不斷前進。當世界一片瘋狂時（相信我，確實有這種事），信念給了我們確定感。因此，當我說你需要信念、而且你需要努力培養信念時，也請你相信我。正因如此，我們才把信念也當成一種技能。

我知道，以上這些基本技能乍看之下並沒有特別吸引人之處，對小孩來說尤其如此。誰真的想研究邏輯啊？但是，我向你保證：一旦你理解這些關鍵統合技能有其用處，能夠幫助你從人生當中得到許多你想得到的成果，它們就不只是有趣，還會變得非常有趣。請這樣想：即便是因為其他人不懂，即便是因為只有你學到不該提出哪些論點，當你學會了，辯論時你就再也不會輸，能有這樣的優勢立場不是很棒嗎？

最後，我們會利用通才主義的原則來培養這些技能：應用短期專精、百分之八十法則、整合>分離、重複與抗性等原則，還有一項是什麼？對，技能堆疊>專精。我才不會忘記這一條呢！這可是這所學校的真正重點所在。我們不太關心各位當中是不是有任何人要在哪一方面成為最出色的那一個，因為，嗯，讓我們老實說吧：這並不是重點。我們只希望你能駕馭各種每個人應該具備的能力，並結合這些對於你有興趣的活動而言最根本的技能，讓你不僅能做出成績，還能充實滿足。

就讓我們開始吧。

紀律

你無法做到一開始時就有紀律；這很現實。你得經歷一段艱辛的時期，按捺自己把屁股好好坐在椅子上或是強迫自己抬起屁股起身去健身房。你的屁股也有自己的心智（就讓我們稱之為屁股心智吧），很會引誘你、替你找藉口因循苟且。這時你需要站出來，果斷地抗議：「不，屁股心智，你得聽我的，我負責掌控，你得聽**我**的，現在就照辦。」我認為，這就是紀律的意義：當你的屁股想要起來跑跑時把它按下去坐好，當你的屁股想賴在椅子上時抬起來跑。

屁股心智並不只是一種比喻，而是一些我們常對自己說的話，頻率很可能比我們自認得更高。這些話好比說是：「我知道，但是……」

什麼是紀律？紀律就是：讓自己處於一個遵循命令的立場，但願，最終你能遵循你自己下的命令。我們需要紀律，因為少了例行公事，我們就無法培養出技能；少了需要努力去做的事（而且是我們覺得很重要的事），比方說寫出一本小說、虔誠信仰宗教或是烘焙蛋糕，我們就找不到目標。少了紀律，我們只能優柔寡斷、隨波逐流，面對生命丟過來的東西逆來順受。

紀律給了我們意義，因為紀律讓我們有事做；透過紀律，我們努力磨練自己的手藝，能創造出成果，也從中學習。透過紀律，我們養成慣例，讓每一天都能有意義：起床、沉浸在咖啡香裡，然後開始去做重要且讓人著迷的事。我們把屁股牢牢黏在椅子上，或是抬起屁股盪壺鈴。傍晚時，或許該吃點甜點了，但我們會先檢視一下自己怎麼過這一天，才來決定吃甜點這件事。紀律決定了日常工作，這些正是讓我們有成效、有創意的因素。

找到紀律的人，就能找到自由。事實上，紀律就等於自由；還真的有人用這個概念寫了一本書，這位作者是美國前海軍海豹部隊隊員，大家都敬愛他。而他也相當讓人生畏，因此，當他說紀律等於自由時，你很可能就會信他。而我，我不太讓人害怕，因此，我也不期待有人會單純因為我說了什麼就相信，但是，我希望，到目前為止我已經提出了紮實的論據；我說了大概有一百萬次了：有自由的人並不是想做什麼就選擇去做什麼的人，而是想做什麼卻選擇**不**去做的人。自由藏在限制裡，我指的是引導你去演練有用事物的限制。如果你想要自由，你需要訂出邊界，以強迫自己提升。你需要把規則加諸到自己身上，你也需要遵守規則，當成是有權對你執法者所加諸的要求。

因此，就像我說的，你一開始沒辦法有太多的紀律，任誰都做不到。最初時你很可能很懶散，就像我一樣。你很可能悄悄跳過，你會敷衍了事，你會在考試時作弊，眼光越過同學的肩膀瞄向試卷；如果你同學討厭這種事，他們會用手臂把考卷圍起來，讓你看不到他們寫了什麼。總有一天事情會出錯，對你造成嚴重打擊，此時你才恍然大悟，原來自己抱持著這種得過且過、沒興趣把任何事做得更好的態度，浪費了生命。我們可以說，這是你的覺醒時刻。你感到很墮落、很難受，但，不管你信不信，這是好事。我是指，現在覺得墮落、難受是好事，因為你還可以彌補，總好過等你臨終時才有這樣的感受。

且讓我們花個幾分鐘，就在此時此刻去感受一下墮落、難受，好讓自己到最後不會落得這個下場。大家都感受到了嗎？那股可怕？好，很好。有時候你需要深思，不只去想你想要的，也要好好思考你不要的，藉以激勵自我。

把紀律講成一種技能有個問題，那就是這會讓我們陷入某種矛盾。畢竟，如果沒有紀律，你還能用什麼來培養技能呢？如果紀律是一種技能、而你又沒有紀律，那麼，天啊，你要怎麼樣才能有個開始？我會告訴你。你要回到墮落且糟糕的自我感受，也就是我所說的缺乏。你直直地盯著自己（多數人需要一面鏡子）並說：「你這堆發了霉的垃圾，夠了就夠了。現在該整合了。」

紀律的力量來自於熱情。有時候熱情一開始是負面的，隨著你不斷改進，會慢慢變成一朵花（隨便什麼花都好），變成重要、重大、美麗、美好的事物。這會變成美好且值得追求的事物，成為你想要追求、而不是追著你跑的東西。但，沒錯，一開始，多數人都是因為想要避開生命中某些醜陋不堪、令人憎惡、毫無好處、極為可怕的痛楚，才找到紀律，因此，我們愈是去思考那股痛苦，當我們努力忽視它或避開它時就愈不會停下來，也就能擁有愈多熱情去進行自己的追求。

你可能和過去的我很像。你可能已經厭倦了和每個人比起來你就是比較慢、消息比較不靈通且技能不足。你可能也想短暫擁有幸福，想要感受一下自己的人生有意義，做一些出色、精彩的事，跟發明了消毒濕紙巾的人沒有兩樣。濕紙巾發明者應該很自豪，因為老實說，人生能有這樣的成就也夠了，不能再要求更多了。你要先把焦點放在不足的感覺，彷彿你肉眼就能看到它的蹤影。沒錯，不足很討厭，但是和其他自助勵志書的講法完全相反；其他的建議都告訴你要想像你美好的未來，比方說，擁有一棟矗立在瀑布上的豪宅，但是，如果你感受不到紀律、無法開始行動，不足感可以推你一把。不足感比瀑布上的豪宅更能激勵你；在這方面，你一定要相信我。痛苦是唯一的出路。佛陀也教了我們這一點，祂說，苦集滅道。祂的說法很有說服力。

我還記得，我曾經和一個人合作過（他其實不是一名正式的生命教練，但從某方面來說他就是），他要我做一項練習，回想一下人生中因為自己沒有主動去做什麼而感到困窘或羞愧的經驗，而且要想五次；在這五個時候，我希望自己真的有所作為，但卻沒有或者根本沒辦法去做什麼。他要我不斷審視這些場景，培養出厭惡感，一直到我有所行動為止。我照做了。我記得，我五年級時未能約到心儀的女孩一起去參加舞會（她跟別人去了）、我被籃球隊淘汰等等的事。我不斷重新想起並檢視這些場景，一而再、再而三。隔天，幾乎是天剛亮時，我就衝去報跆拳道課。因為，對我來說，這是最理想的解決方案。何不從這項簡單且低調的技能開始，之後用來狂踢每個曾嘲弄我的人的屁股？棒透了。

我之前也提過，我開始健身是因為我討厭自己的外表，我也討厭不管我想要做什麼，其他人都做得比我好。我討厭被挑剔、被排擠，而且幾乎每次分組都是到最後才有人要選我。當時我根本不可能去喜歡這些事，但如今已經能懷著愛意去回想了。他們讓我變成了花朵（還記得我之前說的嗎？）。它們改變了我，讓我這個肥胖、邋遢又有嚴重頭皮屑問題的沒人愛少年，變成擁有優勢、可以展現自我的人（以我來說，我是跆拳道黃帶）。

隨著體重開始減輕，我也開始有了自信。當你有了自信之後會怎樣？你會更嚴守紀律。有了信心，也就有了紀律：但這是另一種不同的紀律，是因為你對於自己可以做到的事感到興奮，而不是因為你嘗試要逃脫什麼。整個局面就在此翻了面，就像煎餅一樣。現在，因為你一直在煎，一邊已經定型且焦黃了，再也不是一團不定型的麵糊了。

事實上，每個人都要從相信自己能為自己做點什麼開始，要相信開始永不嫌遲。無論你覺得多糟糕，無論多破敗，你永遠都還沒到不可挽救的時機點，除非，嗯，你已經九十三歲了？到那時我們可能會要考慮其他選項。但只要你還不到九十三歲（甚至，就算你已經九十二歲，可能都來得及），要扭轉乾坤、成為你想成為的人，都猶未晚矣。

我要為你舉個例子。我有個年紀比我大滿多的朋友，他大概一輩子都超重，超過五十年都處於過重的狀態。但他在過去兩年內減了四十五公斤，他的態度、前景和一切也都變得很酷。他現在自信滿滿，他在外面東奔西跑，他努力追逐目標、學習技能，甚至創立了一家健康事業。我問他，他曾經多次開始減重又停止，這一次為何能這麼成功？他說，這是因為他終於給了自己成功的許可證。他說，以前每次他努力減重時，他總是懷疑自己能否成功。他從來不曾真的相信自己做得到。我沒有機會針對他做完整適切的精神分析，但是，如果要我猜的話，我會認為是他終於明白自己是一個值得投資的標的，而且他也有一些宗教方面的經歷，那也有所幫助。請給你自己相信的許可證。當然，我應該也要提的是，他和我一起進行訓練。我好像很擅長於讓人減重；我就像是胖子專屬的訓練師。（我可以這麼說，因為我自己以前也很重，但**你**別這麼說，這很可能讓別人聽起來覺得有點白目。）

說到底，你要如何開始？這個問題本身就是答案。就開始吧。

先從你感興趣的事起步，因為紀律並不是你能夠分開培養出來的技能，你必須透過整合、透過具體去練習才能培養出紀律這種技能，就像空手道一樣。你不可能坐在那裡就「有」紀律；這像話嗎？你就只是坐著，除非你坐在那裡時還一邊冥想，不然的話，你並沒有在演練紀律。你必須去做一件事來演練紀律，對吧？你坐下來寫作、彈吉他，或者，你站起來運動，**那**才是演練紀律。祕訣是，一開始先去做能引發情緒的事、能為你注入熱情的事。

我們還有很多其他事可以做，比方說，**遵循一套演練方案**，背後的概念如下：把你每天會做的第一件事變成一種紀律行動。這可以是運動、冥想或是沖個冷水澡。其實，我認為應該是運動健身和冥想；或者，何不兩者都來一點？且讓我們把這放進日程安排中吧。且讓我們假設，每天早上我們先做一點運動，之後又花點時間專注在呼吸上。我們先從會讓人汗流浹背的項目做起，然後再換成非常非常安靜的活動。這花不了太多時間，比方說，可以做十到十五分鐘的運動，然後進行十到十五分鐘的冥想，這樣最多就三十分鐘。

我還記得，在爺爺奶奶家過夜時，我每天早上下樓時就會發現爺爺在運動。他做的是很簡單的例行運動，但是每天都做，沒有例外，也沒有抱怨。他一開始會做伏地挺身，之後舉啞鈴，最後會做一些地板操，像青蛙一樣伸展。這不是我見過最激烈的運動，而且我要再說一次，這類運動也不必激烈。爺爺在其他方面的活動力很強，因此，這只是他展開一天的方式，讓他自己動起來的儀式。

每天要做的小小紀律行動，會對我們無意識的心智帶來神奇又奇妙的效果。養成紀律去做點什麼事，能啟動創意流程。我有一位作家朋友說，好構想會回饋給擁有紀律嚴謹心智的人；好的點子才不是天外飛來的一筆。他說，如果你想召喚謬思女神，你必須展現出你值得女神給你靈感，要辦到這一點，就是每天都要做點事，而且要準時。他說，這就好像你在禪寺外等著進門一樣，你要接受測試，而且，你很可能永遠不得其門而入。但，如果你持續現身，到最後，就算是僅有一條縫，門終會打開。好想法**將**會到來，我保證；或者說，至少，**他**是這麼保證的。

這表示，不論你想要精進的目標是什麼，你都要把現身這件事做得更好。這就是紀律；我們得藉由把事情有始有終做完來演練紀律，這是因為，起了頭之後，緊接下來的難題便是完成，甚至比開始更難。唯一不難做完的事是性愛。正因如此，從某方面來說我非常善於完成，但從另一方面來說我則和大家一樣，都還在努力。你開始起步，你走了好長一段路，然後你放棄，嗯，因為，你懂的，人生很難。也就是因為這樣，我們才需要紀律，唯有紀律能帶領我們貫徹始終。

演練有所幫助。我們可以在體能上折磨自己以培養意志力；這樣做永遠有用。軍隊裡確實也是這麼做。我們可以做折磨程度中等的運動，看看能不能比我們設想的多撐十秒鐘（或多負重五公斤），每一次、或每隔一次都加多一點，或者由你決定。前蹲、空心支撐等等，基本上很多運動都能達到這個目的，只要能讓你覺得痛苦的就可以。不管你討厭的是什麼，做就對了。

當我們進入其他部分（我是指，其他的關鍵統合技能），你將會找到特定的演練紀律方法。請注意，你一開始的紀律必須來自於你去從事重要的事，其他的關鍵統合技能會隨之而來。當你對它們感興趣時，其他的技能就會跟著來；你會感到興趣，因為這些都是很有意思的技能，很值得擁有，也超級有用。

以下是一條培養紀律的快速且重要法則：追蹤並監督所有過程。寫下來你吃的東西、你做的運動、所有的收入和花費。如果你在練吉他，錄下你所有練習時的情況；如果你在練武，就替自己錄影。就像大家說的，有被衡量到的項目才會有管理。而且你知道嗎？「大家」說的是對的。追蹤不僅能培養出意識，也能養成負責任的態度，更能對整套流程有所啟發。追蹤還能讓你知道該慶祝什麼。

在繼續談下去之前，我要針對紀律提出最後一點。讓我們來談一下節制：你知道，這講的就是先試試水溫、慢慢開始之類的。嗯，我要講快一點，並且大聲說出我認為這個概念就算不是全部不值一提，大部分也都沒價值。紀律嚴謹的人是一種極端，通常甚至是很執迷的人。到了要行動的時候，我們就會勇往直前：短期專精，還記得吧？這不表示我們必須做到完美，或者在吃了蛋白質和蔬菜之後不能好好享受一點甜點。就算有時候我們只能做到百分之七十，但承諾是百分之百；意圖也很重要。我要說清楚的是，節制和我們之前學的百分之八十法則並不相同。

所以，當我在講健身或經營業務、人們來問我要花多久才能達標時，我提出的估計值會比我實際預期的時間長兩倍。這是我慣用的評估手法。如果你真的很在乎一件事，如果你真的在那當中找到了沸騰的熱情，那麼，花兩倍的時間去發展，不是什麼太大的問題，是吧？

如果你問我要花多久時間才能幸福、成功而且十分滿足，而我回答：「等到你九十三歲。」那你還會有興趣嗎？你還會投入我們要做的每一件事嗎？

想聽好消息嗎？我深信，利用每天做一、兩個小時的演練，任何人都能擁有自由與幸福，任何人都能成為成功的通才與紀律嚴謹的個人。我唯一的要求，是你要願意挪出八小時。（我會提供一些簡短的指引，告訴你如何培養本章所討論的每一種技能，讓你可以開始動手。）

▼日常紀律查核表

- 設定規律的上床時間，睡眠時間至少要有七到八小時。（比較好的做法是，早上五點前起床，晚上十點前睡覺。）
- 每天至少運動三十分鐘。
- 每天至少冥想／祈禱十分鐘。
- 每一餐都要吃到蛋白質。
- 沖冷水澡或沖澡到最後以冷水結束（亦即，最後兩分鐘都沖冷水）。
- 每天走一萬步。

- 每一天，就算沒有你「需要」的東西（提示：手機、電視等等）也可以好好過。
- 整理床鋪。
- 每天先做最困難／最重要的事。
- 撰寫感恩日誌。

其他建議參考讀物

Discipline Equals Freedom: Field Manual (Jocko Willink).

聚焦

如果說我在生活中有特別注意到什麼事，那應該是我發現多數人可能都想太多了，而且，我們想的多數事情都不太有用。事實上，多數的想法看來都是忌妒、固執、極度自戀，或是著眼於不重要的事，比方說，有人會講假如有機會見到尼克森總統就好了，或者一直在談自己是不是錯過了矯正牙齒的時機，諸如此類的。

思考是一種技能（我們很快就會談到這一點），但，不去思考也是一種技能，後者稱為「聚焦」，有些人可能會把這稱為冥想，但是，冥想比較像是用來培養聚焦技能的一種技巧。

我們可以藉由聚焦讓自己更明智，不至於落入瘋狂的境地。這是一種強而有力的技能，但是不知怎麼的，多數人都沒有培養出這種技能。有了聚焦，我們可以專注於重要的事物上，不向慾望舉白旗。我們可以拒絕犯下罪愆。阿魯神父（Father Arul）會為你感到驕傲。（阿魯神父是一位牧師，是人們的心靈之友。他矮小，幾乎禿了，是印度人。你或許認識他？）有了專注，我們可以把屁股穩穩坐在椅子上，不會為了其他事隨意站起來。聚焦是一種技能，讓我們只把事情做了一次就能展現出紀律。

人生的贏家和輸家之間的重大差別就在這裡：贏家知道在該寫作的時候如何屁股坐穩，該進行訓練時如何抬起屁股走進健身房。輸家因循苟且，他們會分心流連，事情還沒做完就停下來，就沒了。輸贏有一部分是紀律問題，另一部分則在於聚焦。

理由是這樣的（我不知道該如何用別的方式表達）：外面有很多敵人，他們想進一切辦法要阻止我們成功，（我相信）惡魔的力量在我們一敗塗地時開心得不得了，如果我們想要生存下來，就一定要戰鬥。聽起來很嚴重嗎？嗯，確實如此。作家史蒂芬·普雷斯費爾（Steven Pressfield）把這種普世存在的負面力量稱為「阻力」（resistance），我可能比較老派，我認為這渾蛋就叫魔鬼。我們可以看到，多數公共教育系統都已經不再教授魔鬼學，我個人覺得這有點不負責任，因為我相信確實有魔鬼，展開它寬大的羽翼到處飛翔，或者，偶爾也會像動畫電影《黃鼠狼威索》（*I Am Weasel*）裡的沒穿褲子先生（Red Guy）一樣，光著大屁股到處走，想盡辦法矇騙、折磨或消滅我們。它會無所不用其極，但多半都透過次級方法，運用一些狡猾的手段如自滿、自我懷疑，還有，我們都知道的嗜錢如命。這些只是幾項它鍾愛的花招。喔，還有在不當的時機跑過來的家電維修師傅。而，惡魔用過最驚人的詭計，就是讓我們相信它不存在；你看到的這個，是你可以帶進銀行的好傢伙。

我真心認為，成功有一大部分和精神面的戰爭有關。不管名叫屁股心智、宇宙、幽冥王、阻力或撒旦，無論這股持續、負面的反制力道是什麼，無論你如何想像，這都是真真實實的事物，不斷地嘗試阻撓我們的努力，不讓我們運用自身的能力做出一點成績。這股力量拋出各式各樣讓人分心的事物與任務，而且是一次全部丟出來。就是因為這股負面作用，才讓人永遠找不到好時機開始啟動飲食控制計畫、寫出一本書或是拿起樂器；正因為這個因素，**永遠都不會有好時機**。

我們的工作，是盡力把魔鬼趕開，讓它知道我們再也不要容忍這種暴虐了。不管它要把多少臭氣熏天的垃圾堆在我們眼前，我們還是會拿出定力繼續聚焦。我們將會堅持做自己的工作，我們將要有始有終。

會讓我們分心的不僅是生活裡的事，我們的想法也會。多數人都很難掌控掠過腦袋的想法，我們會被這些想法掌控。有時候，我們會覺得自己或許可以做點驅魔儀式以從中得到好處，有些人可以（偶爾做一點驅魔儀式也無妨），但好消息是，多數人只需要透過冥想及／或祈禱技巧就能學會聚焦。

情況通常是這樣的：你決定了想要去做一件事，且讓我們假設是寫作好了。你很興奮，而且是**非常興奮**，因為你之前才讀到了一本讓你大受鼓舞的書，現在你要演練這項技能，未來想寫出一本小說。你知道的，我覺得這太棒了。你拖著你骨感的小屁股爬上閣樓，坐下來，打開電腦。你開啟一個文件檔案，折一折你的指關節，然後發現你忘了咖啡了。討厭。因此你拖著腳步下樓進廚房，替自己煮一杯好咖啡，完全沒有注意到魔鬼在你身上已經得了一分。現在你又回到閣樓，準備書寫。說時遲那時快，社交媒體發出了通知。喔，你妹妹拉你加入了愛狗人士群組，你在群組裡發了文，現在有人在貼文串下留言，太棒了。你瞄了一下，看看他們說什麼，想著內容應該宜人有趣，但你無意開啟對話，因為你有工作要做。你點了一下留言者的檔案，發現對方的個人資料根本就是單一、冗長、讓人發抖且瘋狂的狂吼怒斥，罵盡你在政治上與宗教上所支持的一切，真是夠了。你用盡所有你會的語言罵回去，出其不意展開猛攻，然後闔上你的電腦。好了，這件事結束了，該做正事了。但現在有個問題：你沒辦法把那個卑鄙蠢蛋趕出你的腦海。你之前的興奮，你對寫作計畫的歡欣，全都變成了暴怒，你忍不去想這些事，但心裡非常希望有機會和對方以及他們的笨狗當面說幾句話，提出一項有點小小用處的事實以點醒他們：他們之所以存在，唯一的理由是要成為可笑可悲的範例，讓大家都知道別變成他們那個樣子。也**難怪**他們只能養柯基犬。你火冒三丈；這不是你本來想好度過早晨時光的方式，這不是你想要的寫作。接著，門鈴響了。嗯，**看看是誰決定終於要出現了**：不是老朋友不請自來，就是沒約好的家電維修師傅來了。類似的事一樁接著一椿，這些讓人分心、讓人失望、讓人懷疑的事一整天都在轟炸你、惹惱你。喔，你認為這不過是巧合，對吧？好吧。當然是啦。

這正是聚焦使得上力之處。若要能堅持目標，要坐下來並一直坐著、或者要開始跑並一直跑，這大概是我們僅有的武器了。而且，請相信我，聚焦是一種技能。聚焦不是任何人與生俱來的天賦，要靠培養，方法如下。

首先，我們先坐下來。你可以翹二郎腿，可以採高跪姿，也可以坐在搖椅上；聽我說，姿勢並不重要，只要別像某些異教瑜伽儀式結束時全身躺平的大休息式就好，這會讓阿魯神父看了難過，而且，又何必冒著被一群惡魔掌控的危險呢？難道我們要擔心的事還不夠多嗎？其次，我們要去做一點事，以此來找到自己的中心。此時，我們可以聚焦在呼吸，或是不斷誦念箴言與禱詞。如果是特別容易想太多的人（是的，哈囉，就是說你），我建議大聲說出來，這會給你多一點可以依附的實質事物。要從純粹的用心呼吸開始有點難，因為這太容易分心了。如果這對你來說有用，太棒了。或者，你可以利用有導引的冥想來做，這很有幫助。

▼聚焦與冥想

起床時

花十分鐘去做正念靜心及／或祈禱。

一天當中

去做「觸發」冥想：

- 門口箴言／禱詞：每一次你經過某個門口時，就複誦一次箴言或唸一句禱詞，回到當下這個時刻。
- 兩分鐘車內冥想：每次你要下車時（或者，每天至少做兩次），先花兩分鐘練習正念靜心。

上床前

在上床前一個小時做以正代／祈禱為基礎的喝茶儀式。

其他建議參考讀物

How to Pray: Reflections and Essays (C. S. Lewis).

這很簡單：每天早上的第一件事就是好好坐下來五到十分鐘，任所有的想法冒出來、冒出來。我們不要把它們推開，但也不要去抓住，反之，我們只要注意到它們就好。我們要培養覺察，用關愛的態度迎接念頭，但也不要投以過多的關注。**喔，嗨，焦慮，歡迎你來，喝杯茶吧，好嗎？**我們要尋找的是心智的澄澈與獨立，我們要尋找的是一種狀態，再也不要和情緒苦苦糾纏，任情緒主導我們的行為，讓我們可以不帶情感地去觀察情緒，就好像我們是站在人行道上看著車子呼嘯而過。多半時候，我們都覺得自己就好像站在路中間一樣，不是嗎？我們左躲右閃、前轉後跑，無奈地舉起手，只能大喊「停」！聚焦就好比站到旁邊，在這裡很安全，不用警戒。聚焦不是試著阻止你的念頭流動；阻擋只是造成壅塞問題。聚焦的重點是要緩解堵塞，讓堵塞冷卻；最後終究會。你只需要走開，不要再深陷於念頭的來來去去當中。你不要再扮演交通警察的角色。

請用這套儀式開啟你的一天。中餐前、晚餐後都再做一次。請記住通才主義的原則：重複與抗性。從一段帶有挑戰性、但能讓你順利完成的冥想／祈禱開始。不要努力去做太多、太快；你會開始生氣，然後受不了。拉長冥想或祈禱的時間，或者在比較混亂的環境中進行，比方說工作職場，以增加抗性。後面這種方法，在整合時就會這麼做。

我記得有一位聖者講過，他說，有人問他多常冥想，他的答案是他一直都在冥想，甚至當下的此時此刻都是。問他的人被這個答案嚇到了，眼睛睜得很大，看起來很訝異。這有可能是這位聖者胡謅的；他可能認為，只要世間仍有詐騙，精神導師就有用，在某些方面甚至比大腸水療更具淨化效果。但，且讓我們假設他沒有胡說，他說的是真的。我認為，這位聖者要講的重點是，冥想並不是你要在山上才能做的活動，而是你應該近乎時時刻刻都在做的事。

掌控聚焦的力量，我們才能把注意力放在正確之處，把落入不當之處的關注收回來。不管你在做的工作是彈鋼琴、練習做土製馬鈴薯玩具槍還是打撞球，此時沒有理由不應該成為冥想的時點，你應該要聚焦在你當下正在磨練的技能上。但，一開始我們要培養專注這項技能時，要好好先坐下來或跪下來（在家裡、在教堂裡或是在等著配偶完成每週例行採買時），萃取原則的精華並加以演練，一旦我們具備了技能，就要應用在我們所做的每一項活動上。我們就是靠著這樣突破心智的禁錮，就是靠著這樣克服焦慮與自虐、同時避免成為我們真心不想成為的人。一切都從我們的心智開始。以下有一份建議排程，可以幫助你精進聚焦這項技能。

邏輯

哲學家諾曼．賈詩勒（Norman L. Geisler）向我們說明為何邏輯很重要：

> 簡單來說，你無法避開學習，因此，你可能也很清楚自己在做什麼。這是其他研究的基礎，是數學和科學的基礎，甚至是音樂的基礎，從巴哈（Bach）到海灘男孩（Beach Boys），都是以邏輯為基礎。少了邏輯，就無法理性討論任何事，也無法書寫成篇。少了邏輯的順序，你要如何組織句子？

好的，同意。那，我們要從哪裡下手？我們要先來檢視幾個簡單的邏輯思考規則，然後了解哪些因素可以構成好的論據，以及如何避免一些很常見的謬誤。舉例來說，我們要了解歸納和演繹之間的差異，以及你為何不應該用人身攻擊來回應某項主張。接著，我們來談一些基本要素。

▼邏輯工作表

在建構主張論據之前要問的問題

- 在這個主題上，我有哪些偏見？
- 在這個主題上，我是否願意接受我不喜歡的結果？
- 我要如何反駁我自己的立場？
- 我有沒有花時間透徹理解對方的立場？

不應犯下的十大邏輯謬誤

一、**轉移焦點**：故意偏離論點。

二、**不當推論**：得出沒有前因後果的結論。

三、**起源謬誤**：指出某個立場的起源作為理由，用以肯定或否定這個立場。（範例：你認為民主很棒，理由僅是因為你在美國長大。）

四、主流想法謬誤：假設當很多人相信一件事時，此事就必然為真。

五、合成謬誤：假設一件事裡有一部分或所有部分為真，則整體為真。（範例：如果有一支隊伍網羅所有最好的隊員，那這支隊伍就會贏。）

六、人身攻擊：攻擊個人。試著損害個人的人格，而不是回應論點。

七、虛假兩難：當某個情境至少有一個額外選項，卻宣稱這是一種非此即彼的狀況。

八、循環論證／竊取論點：已經假設你要證明的命題為真。換言之，提不出不同於結論的證據。（桑達斯基市在俄亥俄州，因此，桑達斯基市在俄亥俄州。）

九、訴諸權威：假設就因為一個人處於權威地位，此人便是對的。

十、稻草人謬誤：特意將反對意見塑造成特別薄弱的版本，反駁起來比較輕鬆。

如何演練提出主張論點

- 加入臉書上的辯論群組，每天參與。
- 每天至少記錄下一項對話中出現的邏輯謬誤。

- 經常在雙方同意之下和親友針對利害關係不大的議題進行辯論。
- 每週在社交媒體上發表理據充分的意見論述。

其他建議參考讀物

Come, Let Us Reason: An Introduction to Logical Thinking (Norman L. Geisler and Ronald M. Brooks).

邏輯整理你的想法；邏輯讓你好好去思考，而且是用對的方式思考。有了邏輯，我們才不會買下爛貨、把票投給蠢蛋或是踏進讓自己大受驚嚇的地方。說白了，邏輯就是生活中的防胡說八道偵測器。人生是你的，如果你想要好好活下來，你就要能思考。你必須要看透各種事物，找到自己的路。你需要知道哪些因素才能構成好主張，什麼才叫做紮實的理據。

過去，邏輯是一種幾乎每個人都會學到的技能，但如今卻差不多沒人在學了。我認為，這造成了明顯且嚴重的影響。資訊型廣告、政治集會與教室裡有太多帶有悅耳口音的油嘴滑舌傢伙，把大家騙得團團轉。這不是好事，這**真的**不是好事。

我們都認為思考很重要，但少有人去學習要怎麼樣好好思考。我們沒有學過何謂邏輯、不知道邏輯為何重要或要如何運用邏輯，也無法分辨別人有沒有邏輯。邏輯是一種會產生後續效應的技能。要能想清楚，才能寫清楚，或者說，才具備能寫清楚的潛能。（也才具備說服他人的才能，之後我們會再詳談這部分。）我們就是基於這個理由才說邏輯是一種關鍵統合技能；有了井然有序的思考，你才能理解這個世界，也才能讓他人理解你。

你要學會思考，才不會被人占便宜，也才能表達自我、解決問題與和他人溝通。好好想一想「思考」這件事，能帶來很多益處，那麼，就讓我們好好想一想。具體來說，我們要想的是如何能更善於思考。

嗯，方法之一是練習解謎，這非常簡單，但很有用。目前有很多應用程式和遊戲都可以讓你做邏輯練習，你可以每天一開始就先做一點解謎練習，這樣大可幫你培養出關鍵能力。多數人不會花時間做這練習，這類問題的範例如「如果鮑勃、強恩和麥特是三兄弟，而且以下的陳述均為正確，請問誰是大哥？」

另一種成為更犀利思考者的最佳做法是參與辯論：真正練習如何針對特定主題提出論據並捍衛某個立場。就是因為這樣，我們之前提到的小小世界學校體系中每個人都要參加辯論隊，每個人都要論證，並根據他們的表現接受評鑑，贏的人會受到祝賀，輸的一方則要受到目前還沒決定、但很可能很痛苦的某種懲罰。沒有人逃得過，因為這能強迫學生在理性上好好琢磨一個問題，這也是我們每個人該養成的習慣。

這方面也有指定閱讀內容，這堂課的指定讀物是諾曼．賈詩勒（Norman L. Geisler）和羅納德．布魯克斯（Ronald M. Brooks）合寫的《來吧，讓我們提出理據：邏輯思考簡介》（*Come, Let Us Reason: An Introduction to Logical Thinking*）。

從這裡開始，每個學生每星期都要和另外一位同學辯論，或是成為小組的一員。有時候學生可以挑選議題，有時候不能，因為替一個你不必然認同的立場辯護是一項很好的練習；事實上，大家都應該要盡可能常常這麼做。好的辯論不僅和了解自己的立場有關，也要了解對手。此外，為你並不認同的立場辯論可以強化你的捍衛力道或是讓你轉換不同的觀點，不論是哪一種，你都會更進一步，把事情弄懂弄對，這也就是我們想見的。

就像培養其他技能時一樣，我們在這裡也要運用整合∨分離這條法則。對，研究邏輯的規則以及各種謬誤是好事（這本書裡沒有時間詳談這部分的細節），但是你要學到最多的邏輯，是要靠著提出與捍衛論據，並且努力做到更好。挑一個你有興趣的主題，辛辣也好，平淡亦可（你不一定要針對所有宗教或政治議題提出主張）；有些論據可能讓人覺得無聊，但是犀利有力，這樣很好。這都是練習。通常從比較低調的主題開始會比較好，舉例來說，如果你的主張是燕麥可以降血糖、而不是訂出最低薪資會對美國經濟造成長期影響，比較不會引爆情緒。但情況也可能讓你大為意外。

下一步是提高抗性，增加利害關係的強度。去找比較嚴肅的主題和對手，談談最低薪資，或者宗教。強迫自己提出一系列的前提論述，並捍衛這些主張。做這類演練很累人，但是會讓你變得更好。有時候你會輸，這沒關係，只要你能從中學到什麼就夠了，比方說強化自身論述的機會，或者，嗯，因為……因為你發現自己錯了，才會改變自己的觀點。

重點是這樣：演練邏輯的人知道，幾乎所有的事實都是藉由逐步移除錯誤的過程才冒出來。當你被人糾正並調整自己的立場之後，你才會知道什麼是對的。沒有人天生無所不知，連阿魯神父也不行。我們必須在過程中不斷找出錯誤，還要有彈性且願意改變。讓我告訴你，邏輯可以用來戳破別人，同樣也可以用來戳破自己。我們都會情緒化，我們都會依附在某些事物上，但是，我們必定不能讓我們所希望的事實來決定我們相信什麼才真的是事實。

如果說邏輯有任何作用，那就是能讓你在說話之前先想一想；那是一項極寶貴的技能。邏輯讓你能在提出主張之前先評估過，**那**可是一項很寶貴的技能。

馬上來舉個例，一個人如果有邏輯，就算沒有營養學的學位，也應該不會接受不當的飲食建議。當然，營養學的學位有所幫助，但是我們不可能對什麼感興趣就去拿個學位，而且，人生有太多事要弄清楚，我們根本沒有時間接受相關的正式教育。我們必須思考關於「思考」這件事，是因為：這樣我們才能思考事情，才能好好想清楚，或者說，至少我們會知道自己沒有足夠的資訊去了解原委。邏輯可以為你導引出正確的結論，或者，通常讓你知道你手上握有的資訊還不足以得出結論。這是好事，也是明智之舉：讓你不要逞能。

不用擔心你會因為不確定而無法大聲把話說出來，這不是邏輯的重點。主張只是提出理由，指出你為何認為某個立場是對的，並盡可能讓這些理由具有說服力，就算不是絕對成立也沒關係。假設你要論證的主題是奧地利學派經濟學，或者上帝的存在，或者麥加蒂斯樂團（Megadeth）比金屬製品樂團（Metallica）更好。你不用透過幾何證明來支持你的論點，只需要提出理由讓你的立場更能成立，有些人接受這些理由，有些人則會試著駁斥，只希望每個人都能從中有所收穫，並且能彼此交流。

在為討論作結之前，我想要強調如何運用「**辯論**」一詞。多數人想到的都是「爭論」，心裡浮現的是家族親戚在假期時的糟糕行為，為了各種宗教、政治和經濟信念彼此咆哮，從來不曾在清楚理智的狀態下表達過什麼。這不是我在用「辯論」一詞時所想的場景，我想的是適當表達與適當辯論的內容，是合乎邏輯的論述，而不是人喝醉時的所作所為，不是情緒化的東西。

我提出的很多辯論都輸了，而我認為我愈來愈善於辯論。我在輸掉論述這件事上做得愈好，就愈可能會贏。但，辯論的重點不應該是贏。這可能是辯論比賽的重點，但不是辯論這件事的重點，辯論應該旨在找出立場與發掘事實。要贏得辯論，最佳辦法是不要出錯，想要成為對的，最佳辦法是當你不對時自己要知道。邏輯可以幫你辦到。

說服

到目前為止，我們談了紀律、聚焦（或者說耐性）與邏輯（或者說理性）。現在我們要來談談說服，因為，如果你無法說服別人給予，你在人生中就很難得到想要的東西。這聽起來有點怪，讓我們換句話說好了：能和別人好好相處，會比較好。能讓別人喜歡你，會比較好。如果要講到何謂說服，說服就是要讓別人喜歡你，即便只是某些人。以下便要告訴你如何讓別人喜歡你，以及為何說服並不代表要讓每個人都喜歡你。

要引起他人注意，始於講述事實。如果你想成為有說服力的人，就必須對自己講的話有信心，因為當一個人連對自己都感到不確定時，別人也可以感覺得到。說服的重點不是要讓**每個人**都喜歡你，而是要讓夠多的人喜歡你。人容易在這一點上出問題：他們認為要有說服力代表要去迎合別人。但迎合並沒有說服力，迎合沒有骨幹，沒有真正、真實的信念核心。迎合沒有足夠的信念去說出實話，只是說出你認為別人會喜歡聽的話，完全不管你自己相不相信。沒有人想要和這種人為友，或者說，就算他們與你結交，也只是為了能從中得到些什麼，比方說上班時的免費咖啡。

能吸引他人的人，言之有物而且顯然相信自己所說的內容。如果你有話要說，別人可能同意你，也可能反對你，有個很好的範例就是唐納・川普（Donald Trump），愛他的人很愛他，恨他的人也很恨他。少有人「喜歡」川普；一個人要不然就愛他愛到想跟他結婚，要不然就恨他恨到想把他送去勞改營。我不是說你要像川普這樣才有說服力，但我認為你可以從他身上學到一些東西，他**很有**說服力。（我想要提到一件和川普的說服技巧有關的事。有人說他是騙子，但我剛剛又說，要有說服力要從說實話開始，這是怎麼說？嗯，川普的說話方式，是「大方向大致上是對的」、但細節或是其他方面很誇大。這是一種更微妙的技巧，可惜現在我們沒有時間深究；雖然幾乎每一個有力的政治人物都這麼做，但要有說服力也不一定要用到這種技巧，我在道德層面上也不認同運用這種技巧。無論如何，這都值得注意。欲了解詳情，請參考羅伯特・席爾迪尼

〔Robert Cialdini〕所寫的《鋪梗力：影響力教父最新研究與技術，在開口前就說服對方》〔*Pre-Suasion: A Revolutionary Way to Influence and Persuade*〕。）

說服的第一要點，是要能接受不見得每個人都喜歡你，也不是每個人都認同你說的話。當你有話要說時，總會有人不認同（就算你說地球是圓的，很遺憾，也會有人反駁），也總會冒犯到某個人。你過日子時總不能一直擔心著你的信念會讓誰不悅。有信念，就一定會讓某個人不悅。事實就是不管你擁有什麼，總是會讓某個人不悅，而，我說出這件事又會讓別人不悅。你無須懷著憂慮度日，反而要很清楚自己堅守的信念與理由，並大聲說出來。但，不要變成不學無術的人，不要提出沒有證據支持的意見，這也是我們要運用邏輯與理性的原因，因為就算你不是有意的，你也要知道冒犯他人之後如何捍衛自己。

回頭看看我剛開始健身的時候，當初有很多支持者受我吸引，是因為我大膽直言我的信念。很多人都在追求專精，我說試試看成為通才，這是一大改變，可這替我引來很多爭議。但我向來清楚明白（我認為啦）表達我的理由，不對個人冷嘲熱諷。大家都認同，他們喜歡的是，就算我在和人辯論，但我的腦袋依然清楚，而且對自己說出來的話有信心。再說句公道話：我的體態狀況也很好，這證明了我的信念。但我也和很多人爭論。說到底，我的吸引力來自於我會去捍衛特定的事物：這些是很多人都很有興趣、或者至少很好奇的事物。我大聲倡導通才，支持所有在任何一方面都不是最好的、但想要不斷進步的人；這可是為數不少的一群人。

我有一個小祕密：當你要談論一件事，當你要為自己的信念發聲，如果除了你自己之外還有很多人有支持這些信念，那會好得多。因此，說服有很大一部分來自於找到認同你的人，讓他們因為你找到又新又酷的方法去做他們已經認同的事而跟隨你。我不確定我改變了多少專精者的想法；應該有一些。我在培養群眾時，大致上吸引到的是本身是通才、或想要成為通才者的關注。請想一想政論節目，這些節目不見得能打動持反對立場的人；右傾的人會去看偏左派立場的節目，左傾的人會去看偏右派的言論嗎？但是，立場相同的就會吸引到他們。就是因為政論節目言論大膽武斷，人們才打開來看、才會被他們「說服」。政論節目觀眾有兩種，一種專心看並認同節目觀點，另一種則是專心看但對於節目裡說的任何一句話都不買單。這就是所謂的「豪爾．史登效應（Howard Stern effect；譯註：此人為備受爭議的美國廣播界名人）」：一個人要不就愛他，要不就恨他，幾乎沒有人對他沒有意見。

▼兩步驟的建立人際網絡與說服計畫

步驟一

走出去，每天至少向一個不認識的人介紹自己。（建立關係。）

步驟二

走出去，問問看已經在你人際網絡中的人有沒有你可以幫忙之處。更好的是，直接挽起袖子去幫忙。（建立互惠關係。）

想法

和你在網路上的人脈分享一些想法，對他們的工作提出有用的建議，或者傳送你認為他們會想讀的素材。更進一步的是，為他們引薦可能對他們有幫助的人。

其他建議參考讀物

How to Talk to Anyone: 92 Little Tricks for Big Success in Relationships (Leil Lowndes).

在這裡，我要在這種方法中加入一個很巧妙的操作。我之前用川普和史登作為範例，但我想你可能不認為好辯等同於有說服力；這兩個範例只是用來帶出說服力當中的一個特殊元素：極端。你不需要好辯，不用讓人想要扭斷你扁塌的小鼻子，也能有說服力，但，我不確定，不走極端的話能有多大的說服力，這一點也是我正在研究的。走極端，是讓人在兩者中擇一，重點是要標示你的範疇並大聲說：「這是我的信念，我要盡可能把話說清楚。」走極端，不代表要粗魯無禮或冒犯別人，但你要毫不掩飾你的立場。其他人不一定會恨你，但總有些人會強烈反對你，或者自認不是你的方法、你的風格、你的產品或服務訴求的對象，這沒有關係，因為，你推開愈多這種人，就會有愈多另一邊的人靠過來。

問題在於一般人很擔心要把某些人推開，深怕有誰不喜歡自己，付出的代價就是到頭來被每個人視而不見。行銷界有一句話說，如果你寫的廣告文案沒有至少讓一個人失望，那麼你就沒有真的在做行銷。我想這套在每一件事上都成立。每當你在表達某件事的立場、說出意見或是講清楚你是怎麼樣一個人時，如果沒有至少惹得一個人不快，那你就沒有真正在過活。想一想早期的基督教傳教士，他們**真的**很知道要如何惹人不快，許多傳教士都因為不願意閉口不談耶穌而受死。看看現在。這些人當時並不太受人歡迎，但他們如今都留在人們的記憶裡。他們談的內容很極端。他們不好辯也不粗魯，他們只是說其他人都錯了，嗯，而且是差不多每一件事都錯了。這就夠了。

你可以對其他人說他們錯了，我認為你也應該說出來，但前提是你要有理由支持你的話。搞清楚自己的人生——你的宗教、政治傾向、你能給這個世界的偉大美好服務——然後說出來。你會拉到一些人並推開一些人，但我保證：你一定會有說服力。大膽是今日社會已經遺失的特質；一般人很怕要大聲說出什麼。就算是一個小小的勇敢之舉，也對於獲得注意力大有幫助。這也正是說服的意義：要有勇氣把大家認為是事實的事物大聲說出口。好作品也是這樣，這也是好作品都很有說服力的理由。

人都想要幸福快樂；這是我們要理解的第一件事。不管人們做什麼，目標都是要追求幸福，這一點毫無例外。但是，不同的人對於什麼能讓自己幸福有不同的想法，正因如此，我們才能進行重要的交換，讓雙方都比過去更幸福。如果你想要具備說服力，你要做的就是找到認為你提出的事物能帶來幸福的人，不管是飲食計畫、滑板還是政治意識形態，都好。我要重複，說服力的重點不是扭轉對方的意見，反而是要確認。

我希望，你要找的，不是可以幫你成交二手車的心理詭計或老套。因為這不是說服的重點。說服是要找到共同利益的點，然後連點成線。說服，是要有膽量大聲把話說出口。說服、行銷、銷售（隨便你怎麼說）之所以內含磁吸力，理由在此。愈能拉進一些人，就愈會把其他人排除在外。

你可能會問：這樣怎麼演練？嗯，你（同樣）要靠著練習辯論並撰寫廣告、與他人分享想法來練習。還有，也要建立人脈。要向外發展，要親切友善並樂於助人。

我希望大家把注意力轉到最後幾項。多數人會討厭培養人脈，也討厭向外發展和與人結交。說服絕對是一種技能，而且是你需要練習的技能。

讓我們再花一分鐘時間談談透過辯論來說服他人。請記住，提出主張的重點不是要讓你的情緒爆發出來，是要讓別人有理由相信特定的觀點。辯論的目的，可能不是去說服和你爭論的對手，而是要讓群眾印象深刻。讓我們把話講明了，現今幾乎每一次的辯論都是公開事件，因為幾乎所有的爭論都發生在網路上。因此，如果你在論壇上和某些堅決反對你所作所為的人辯論，我懷疑，你們之間又能有多少進展。還有，你不知道還有哪些人雖然沒有跳下來交戰，但在旁邊看著雙方交火。

我剛開始創業時，我也會在健身相關的網路論壇上激起辯論。當我說「辯論」時，不是指我每串留言都會插上一腳，對每個人指手畫腳說他們錯得離譜。不要做這種人；這種人惹人厭又無禮。反之，我很努力透過把話說清楚來幫忙。我會說我認為一個人為達特定目標需要做什麼事，而且我會說明理由何在。顯而易見的是——畢竟，這可是網路——人們有時候並不認同我。那時，我會和他們爭論，因為，你不能放任別人不認同你就算了，道理相同：畢竟，這是網路。你可以捍衛自己，也應該這麼做，如果你有很好的理由支持你的信念時更是如此。但是必須抱持尊重的態度。就在這裡，你的其中一項基本技能（邏輯）能成為另一項基本技能（說服）的基礎。

請記住我所下的「**辯論**」定義：就是單純讓人們有理由相信某些觀點而已。當我說你應該開始辯論時，我是指你應該在社交媒體、廣告或是透過書頁提出你對某件事的觀點，藉此幫他人一把。因為，喔，親愛的，那可是說服的祕訣：走進人們所在之處和他們接觸，不要想著改變他們的想法，而是要試著強化他們的信念。我想我沒辦法把壺鈴健身方案推銷給還沒有進入這個領域的人。我的業務基礎是已經在用壺鈴、而且想要在壺鈴健身領域上找到更酷更好方案的人。

為你的信念挺身而出是一回事，把這些信念轉化成有用的工具又是另一回事，你要結合兩者，你的說服力才能開花結果。當你確認了某一種偏好（比方說對壺鈴的熱愛），然後說明這個偏好如何能用有意義、有益處的方式讓人更上一層樓，別人很可能跪求跟你做生意。可能你並不做生意，你只是寫書，想要讓大家談論你的故事。嗯，結果也是一樣。要有吸引力代表要能打動和你自己相似的人——這些人和你有著相似的信念、想法與世界觀——並給他們特別的經驗。小說有這樣的效果，音樂也可以。

我不是一直要拿自己做例子出來講，但這些**大致上**就是我善用通才主義所做的事。

我對很多人說過，如果你不是全世界最棒的，沒關係；嘿，如果你沒有做到第一，真的不用擔心，只要用對了方法，你不是世界第一等反而更好。也因此，和我有志一同的人（也就是那些在任何方面都非最出色的人），會想多聽我說一點。我並不想去說服專精人士，我只想讓那些已經接受我正在推廣的想法的人注意到我，他們的思考模式可能和我不一樣，但這也沒關係。我要幫助的，是已經樂於接受不需要或不想要成為全世界第一把交椅的人，我只想讓大家知道這樣的想法如何發展下去。這就是說服。

信念

你可能很好奇，我到底為什麼會說信念是一種技能，而且還是一種基礎技能？嗯，我認為，對很多人來說，信念不是自然而然就有的。信念是你必須去練習才會具備的東西；因為，光是為了生存下去，就已經讓人疲憊不堪，讓人憤怒難過，讓人不斷去追問到底為什麼要活著。人生有太多（隨便你怎麼叫）狗屁倒灶的事，很多大家都不太喜歡、也不太理解的問題，比方說鹿身上會長的蝨子鹿蜱便是一例，還有核武競賽、小兒麻痺和霧霾，這些都是很討人厭的事物，有時候還會讓你覺得人生是否根本只是一場空。也難怪懷疑主義愈來愈濃厚。我花了多年時間涉獵這個領域，可累積滿多經驗。

所以說，是的，我認為信念是一種技能，而且我認為這是一種必要技能。

我在想，一般人有時會把信念和輕信畫上等號：「喔，你就只是相信，不用去想證據。」但這並非信念的意義，至少不應該是。就是因為這樣我才很欣賞聖人湯瑪斯・阿奎那以及他所說的「信念的準備條件」（preambles to faith），或者是我們所說的「哲學」。基本上，他說，**我們有理由去相信這個世界並非只有隨機且殘酷的偶然，這正因如此，我們才相信上帝自有安排。現在，讓我們想清楚該怎麼面對**。阿奎那要表達的重點是，信念不僅是一種內在理性，更是一種超理性，在理性光譜上非常遙遠的另一端，並非隨手可得。換言之，信念就是相信你很有理由去相信的事，後世很多哲學家也同意這一點。這對我來說是一個轉捩點。因為，在我人生大部分的時刻中，我都不是一個抱持信念的人；實際上，我是一個支持科學、支持事實、支持理性的人。信念說起來很虛無縹緲。如果無法用實證方法來衡量，那有什麼用？我是這麼想的。

有一天，我和一個很虔誠的人（當時我稱這些人為有信仰的人）辯論，我們直接爭論起上帝存在與否的問題。我指控他相信沒有證據支持的事，他的應對是問我要看到什麼證據才肯改變心意，我說科學性的證據就很不錯，不是嗎？他回答，我正是犯了範疇錯誤（categorical mistake；譯註：指將某種屬性歸於並不擁有該屬性的對象上），任何腦袋清楚的虔誠信徒都不會把上帝當成宇宙裡面的一個實體——某種巨大、長了鬍子的大法師，在天空撚著鬍子或轉著戒指——因此，期望能用實證方法偵測祂，就上帝是誰這個問題來說基本上是一個誤解，拿根本不是上帝的事物來辯論。他說，如果定義什麼叫上帝，應該是終極、唯一的現實，是沒有時間性，沒有空間性，擁有智慧和意志，諸如此類的；換言之，是極為簡單、又極強而有力的心智。原則上，上帝不是能用顯微鏡去找到的「東西」。我連說都還來不及說出口，我的義大利麵神教（spaghetti-monster）論述就此消失無蹤（譯註：該教聲稱「飛天義大利麵怪物」創造了世間萬物）。之後他提出一系列的邏輯辯論來談上帝的存在，都是我前所未聞的；這些是非常能說服人的主張，也是我完全沒聽過的主張。如今，我想不起來當時有那些說法特別讓我信服，但確實讓我看到事情的另一面，那是我某種程度上一直能成功避開的那一面，可能是因為我從來都不想去相信上帝這類事物。

長話短說，我研究了另一面，而且努力多年之後，得到了一個結論，發現事實上我很有理由去相信比我自己更偉大的東西。信念就從這裡滋生。我們無法「證明」超然事物（無論那是什麼），至少無法用科學辦到，因為超然的定義便是超越科學。但我們至少可以把超然變成還滿可接受，或者，就像哲學家常常掛在嘴邊的，要變成比較偏向事實。這才是好主張的立論。

當然，這些都回歸到邏輯。有一點很重要，這裡要再提一次，那就是信念並不居於理性之下，而是在理性之上。同樣的，信念在邏輯光譜中的遠端，而非近端。所以這才是一項技能；少了一點，就變成輕信，甚至受騙。

我很努力要弄清楚信念是什麼，我認為，**信念就是（而且不多不少）就是相信你很有理由相信的事**。但你還是要有一點「我就是信」的態度。必須**相信**你有理由相信的事。這有點像是結婚。我無法驗證我的妻子愛我，至少在實證上做不到，而且，就算我只是建議做這類實驗，都可能讓我陷入極悲慘的局面。但我很有理由相信，事實上，她愛我。我相信我很有理由相信的事。

我忘了說，信念有一個問題，那就是：當你相信比你自己偉大的事物時，你必須接受你有理由超越你自私、渺小的自我，這表示，重點再也不是永遠都在你、你、你上面打轉，必須和更多別的事物有關。人生的意義很可能並不是你賺了多少錢、你有多大的名氣或你拿了多少獎。信念不僅需要練習，而且要練習在生活中體現信念，因為真正的信念——你真的相信的理念——代表要翻轉自我投入更偉大的計畫，如果你想的話，也可以說代表要成為傳達上天旨意的工具。

在寫這本書時，我一度極端厭倦，我很抗拒工作，但截稿日期緊迫，而且我耐心盡失。因此，我對人有點粗魯，沒有展現應有的客氣有禮。某一天，我決定要休息一下，去當地的一間教堂，看看我能不能好好祈禱，當時，我對於祈禱這件事並不太買帳。在前往教堂的路上，我仍不斷地問上帝，介不介意給我個什麼東西提振我的精神。我想要好東西、讓人興高采烈的東西。比方說，看到一隻美麗白鴿。上帝如何回應？且讓我道來：祂讓我看到教堂前排長椅上有一個得了癌症的孩子。

在我和信念（我猜你會這麼說）對話之前，我和很多人一樣，都為了惡魔這個問題在苦苦糾纏。我一直在想，如果上帝是慈愛的，為何會讓這個可怕的事出現在這個世界上，尤其是像兒童罹癌這種事，如果我列出讓人痛恨、毫無道理的事物清單，我想，應該大家都同意這件事要放在前幾名。最後，我得出的結論是，這兩件事情在邏輯上並不衝突。我是指，只要上帝在道德上有超越我們理解的充分理由讓這種殘酷情況發生，那麼，這種悲慘的事就和上帝的存在並無衝突之處；這是聖人湯瑪斯．阿奎那教我的。用邏輯解決問題，和用情感解決問題並不相同。那天，我比較接近用情感解決這個問題。

走進教堂時，我領到一首歌的歌詞，這是我們要為癌症男孩班恩唱的歌：〈我的小小的光〉（This Little Light of Mine）。在整場禮拜中，有各式各樣的群體來為這個小孩和他的家人祈禱，表達支持。教堂裡擠滿了人，什麼樣的人都有，不分男女老少，每個人都拿出自己能夠給予的：有花，有樂高，還有滿滿的愛。最後輪到神父布道，他對參加這場聚會的每一個人說，班恩的到來真的是一場奇蹟，因為這場惡疾給了很多人一個機會，讓大家能夠展現彼此有多麼相愛，並給予這個和在場多數人素昧平生的家庭深切的善意。因緣際會之下我感到認同，開始看到事物中的不同面向，若是在其他時候，我可能會認為這根本就是殘忍又野蠻。我開始看到苦難從某個面向來說是非常必要的手段，讓我們能培養出在沒有災難與罪惡的世界裡不可能具備的人格特質。我認為這合理，而且有那麼一點道理。之後我開始思考：如果天堂確有其事，如果人都想自由自在，那麼，每個人的身上一定有某些誘因，使得別人願意永遠留下來患難與共。沒有疾病，就不會有人關心生病的人，沒有了仁心憐惜。沒有犯錯，就沒有正義或慈悲。但，問題還是一樣。兒童癌症？我們真的需要**那個**嗎？可能事實上確實如此。因為，就像美國作家佛蘭納莉・歐康納（Flannery O'Connor）說的，很可能就因為我們在噪音裡深深迷失了，因此上帝需要大吼。可能吧？我不知道。

但是，更個人面的理由是這番經驗讓我感受到的觀點。當這一家人和這個孩子正在跟最不可能贏的局面搏鬥時，我還在擔心錯過書的截稿日期（但願上帝不要讓這種事發生），這樣的我算什麼？我的自我馬上消失無蹤，我可悲的小問題瞬時化解，我開始祈禱。我走出教堂時成為要將這個信念傳遞出去的人，並決心成為這樣的人，至少在之後幾個小時繼續堅持下去。那時我也深信一件事：上帝會回應我們的祈禱。祂不見得會賜予人們要求的東西，但是如果我們夠敏銳能接收細微——或者，在某些情況下，沒這麼細微——的線索，我們就會知道祂永遠都願意給人們需要的東西，然後更多。

好的，那，這和把（幾乎）每一件事都做得更好有什麼關係？我會細說分明。信念是導引自我走向幸福的終極（也可能是唯一）方法，信念帶動你的努力和目標，朝向真正能讓你感到滿足並讓這個世界大不同的方向邁進。請注意，我信奉資本主義（如果這一點我還沒說清楚的話，我在此重申），但我相信，如果運作系統的是有良知的人，那會比較好，這樣的話，我們就不需要愚蠢的政府不斷介入各種事物；政府的介入向來的效果幾乎都是讓情況愈來愈糟，比一開始更麻煩。美國政治家哈利・布朗（Harry Browne）不是說過一句名言嗎？他說政府是唯一能在打斷你的腿、給你拐杖之後，還能讓你心存感激的對象。他可懂了。

請想像一下，假設每個人的心裡都有更高遠的使命感；這樣一來，就算不是完全消滅，但我們可能就不怎麼需要環保署、國稅局和國際貿易協定。人們不再**只是**因為有利潤而去做某些事，也會開始因為某些事情是好事而開始動手去做。顯然，我是在做夢；烏托邦不屬於這個世界。人還是會為了賺錢而去做一些殘酷骯髒之事，也絕對不會變成天使。但是，你不要告訴我，如果每個人心裡都有更偉大崇高的感受，想到要超越自身之外，事情也不會有太大的不同。我不是說人沒了信念就不能成為好人或有道德的人；我完全不是這個意思。我只是說，如果你的世界觀到頭來毫無意義，那麼，你也沒有太多理由想去追尋什麼意義。這是哲學家尼采（Nietzsche）教我的。我愛尼采。他也很懂，至少很懂一些事。我認為他提出的現實最基本前提是錯的，但他從頭到尾可是非常一致的。

這是我們需要練習信念的一個重大理由（請注意，我的用詞並非我們需要「有」信念」）。我說的不是「我星期天會上教堂」或「我讀過一本靈性方面的書」的那種信念，而是一種對人和上帝的深刻、堅韌的愛。如我之前所說，信念是一種導航機制，牽引你，給你一個偉大、無可撼動且深刻的理由。你努力健身並不只是因為你想要完美腹肌，你學吉他也不是為了得到追星族的崇拜。不是。你做這些事情的動機，有更深的意義。你正在堆疊技能，你想要改造世界——甚至是拯救世界——以完成人生中更高遠的理想。擁有（抱持信念的）理由，才能讓你的屁股安坐在椅子上或讓你移動到健身房。你必須要有所貢獻。

現在，我們要更進一步。信念推動的不僅是相信，還有美德，換言之，重點不僅在於你相信什麼，也在於你要憑著你的信念變成哪一種人。同樣的，這也是很亞里斯多德學派的哲學（亞里斯多德主張，知道、創造與動手去做好事，至少一部分的重點是為了要培養正面積極的人格特質）。你做好事，是因為你做的事會成就你這個人。

因此，道德品行不只關乎你做的事，也和你因為這些行動而變成什麼樣的人有關。同樣的，在這一點上，信念可能有益也可能有害，端看你有多理解這個概念。你想要做對的事，但你也想要為了對的理由去做對的事。少了好意，好的行動也不能造就出一個更好的人，對吧？如果你聽懂我的話，我是說，你必須**想要**去做你知道自己要做的事。對我來說，這永遠都是最困難的部分。我在有信念之前就已經在做慈善，但我並沒有特別想做，我的樂善好施大部分都因為我想讓自己心安，到了現在，才是因為愛……多半都是出於愛。過去我必須努力這麼做，到現在仍是，這是我其中一部分的靈性練習。

我們可以說，到了人生的終點，信念是唯一重要的技能。忍術技能、寫作技能、你身為業務員的能力，這一切都不會跟著你，就像你收集的娃娃、你的銀行帳戶或是你的愛車一樣，都是身外之物。別人會記得的，是你這個人，以及你如何影響他人。我的祖父過世時，我非常清楚地看透了這一點。在我的成長過程中，我從不認為他是有什麼豐功偉業的人。他做的是一份中下階層的工作，住在一個屬於下層階級、但偏比較上方的社區裡。他好像從來沒有什麼抱負；但，我會有這種想法，只是因為我對抱負抱持錯誤的觀點。我的祖父嚮往一切，他渴望去愛世人，渴望成為一個充滿信念的人，而且他兩項都做到了。我還是個啼哭的嬰兒時，他總是把我扛在肩上，他也參加了我所有的體育活動（不管多不重要），不斷地在慈善活動中做志工，而且從來沒有錯過星期天的布道。他的喪禮是我見過最多人出席的一場，人們圍著建築物排隊，不輸暑假熱門院線片的首映午夜場聲勢。這個時候我才明白，他具備一種基本、根本的特質，我的人生中完全沒有。如果那天離世的是我，我甚至懷疑，連我自己的家人也不見得會趕來送我一程。如果是我的話，排出的隊伍應該會像等著看已經演了三個月的午場電影。

祖父教我的是，信念不只是相信，也要非常努力地秉持那些信念為善，不管要失敗多少次，不管能不能實現你自己的期待，都沒關係。我們都會失敗，我們也都會對於抱持信念這件事感受到一定程度的厭惡，在一開始時尤其如此。但是，這便是磨練出技能的過程。重複與抗性。整合∨分離。先從小處做起，為善並給予。給口渴的人喝水，讓餓的人止飢，給看來垂頭喪氣的人意外的恭維。在家或在教堂裡冥想與祈禱，接著帶著你的信念走進這個世界。之後，迎戰更多的挑戰，可能是在某個地方展開一趟使命之旅，或者接受這份帶有挑戰性的任務：奉獻什一捐（tithe；譯註：指基督教義要求信徒奉獻十分之一的所得）。且讓我告訴你，要實踐什一捐是很困難的事：你要規畫你賺的每一分錢，看是要用在度假、退休、衣著還是哪裡，接著，你出去，把該捐的錢捐掉。別告訴我這件事很簡單。（對某些人來說可能很容易，但對我來說顯然則否。）別告訴我，信念不是一種技能。

沒錯，賺很多錢很好，捐很多錢更好，但，不要只是這樣就罷了，不要害怕要弄髒你的手。走出去，親自做些好事。幫忙備餐，訪視窮人，替重病患者洗腳。如果你告訴我這些事很難，我可以對你說一句：**我知道**。

說實話，我很努力不要太強調宗教。這提醒我一件事，我有一位會上教堂的朋友，他奉行的箴言是：「友善，不要走火入魔。」我喜歡；我認為很有道理。這人很懂一件事：無論你信什麼教，或者，無論你不相信什麼教，信念應該是有吸引力的，因為信念很美好，信念能讓人去做好事，而且信念能讓人們緊緊相繫。你不能因為你想要永遠活在這個世界才去信上帝，這不叫信念。你信仰上帝，是因為你愛這個世界且想要拯救這個世界，是因為你愛祂以及祂給你的一切。

信念會阻擋你抄捷徑，信念會給你致力於自我實現需要的架構。如果你需要一套練習計畫，請從這裡開始：早上冥想或祈禱時，不要只把這當成一種聚焦練習，可以把這也變成一場靈性鍛鍊。從這裡開始。

▼單頁靈性練習計畫

晨間冥想

花五到十五分鐘進行正念靜心。如有需要，可以使用導引式應用程式來開始。這裡要培養的技能是專注，好處是活在當下與覺察。益處會流入你生活的其他部分。務必每天都做。

午間肯定／祈禱

無論你信仰什麼宗教，祈禱都是一種甚巨威力又能讓人脱胎換骨的練習。（肯定也有異曲同工之妙。）每天花五到十五分鐘祈禱，不管是重述誓詞、吟誦箴言、念玫瑰經文或是用你信仰的宗教建議方式或任何你覺得自在的方式祈禱。（我喜歡在下午的時候做，但有時候會把這和晨間冥想放在一起做；我發現，祈禱通常都是一股能讓人靜下心來進入冥想的力量。）這件事沒有硬性規定，只有你一開始時應該堅守一種祈禱方式或形式，以利你自己建立模式。

傍晚撰寫日誌

最後，每天晚上花五到十分鐘以正面的態度反省這一天。不要只是記錄你做了什麼，還要說明你為何會為發生的事心存感激。這項簡單的練習可以讓你養成習慣，去看事物的光明面，並看到生命之美。在這個不斷用壞消息轟炸我們的世界裡，這是一個不可或缺的習慣。

其他建議參考讀物

Mere Christianity (C. S. Lewis).

Chapter 6

Skills You May Be Interested In (But May Not Need)

第六章

你可能感興趣（但或許不需要）的技能

可惜的是，沒有人教我數學是一種學習邏輯的方法，大家都只把數學當成學習數學的方法。

接下來的這一步很簡單；你開始去把你想做好的事做好。

這沒有太多**下一步**該怎麼做的問題，因為這是一種同步的節奏；發展興趣根本不需要等。關鍵統合技能雖然是基底，但不一定會先出現，早一點擁有這類技能會比晚一點好，正因如此，我們才要有一套練習的方法，以及短期專精和其他的一切，這樣我們才能把很多事都做得更好，而不是只做一件事。

你有什麼興趣？你想要**在**哪方面做得更好？這些面向都沒有規則，真的。我唯一能提供的只有以下的建議：如果你在某些方面有長處，就把這件事變成你想要好好做的事。這聽起來很老套，因為事實正是如此。還記得嗎？我們討論過紀律並講到演練紀律是培養紀律的唯一方式，而去做你喜歡的事，是讓你在還沒有紀律之下能練習紀律的唯一方法。嗯，現在就該去找找你喜歡什麼了。

在我成長過程中，我曾有一段很長的時間都是很糟糕的學生，我蹺課，我不做功課。有一次，我因為故意向德語老師露內褲而被罰在校停學。有人認為我很墮落，但事實是，我會這麼做墮落的成分沒那麼高，只是對於學校裡要我學的所有科目都不感興趣罷了。我不太在乎微積分，也不是那麼在乎德文。回首過去，我真希望我當時能在這兩科上多花點心力，因為現在我看到了這些事物的價值；嗯，德文可能沒那麼重要，但會法文很不錯。還有，很可惜的是，沒有人教我數學是一種學習邏輯的方法，大家都只把數學當成學習數學的方法，等教到微積分這類比較高階的數學時，我就覺得數學技能的價值實在有限。我原本應該會對邏輯感興趣。應該。現在說這種話很容易，但當時我最有興趣的是音樂。

就是因為這個理由，儘管我是一個很糟糕的學生，我還是花很多時間練習彈吉他。當時的我並非沒有**任何**學習動機，只不過，我有動機追求的興趣，和學校教授的科目大不相同。我對你的期望，就是希望你能去發展最讓你熱血沸騰的興趣。沒錯，我們都需要一些「人文素養」，就因為這樣，我們才會談到基礎技能，我也才要花這麼多時間去說明為何我認為基礎技能如此重要。你可能對這些很感興趣，也可能不感興趣，但我認為，長期下來你會有興趣。不管是哪一種，且讓我們從你喜歡的事情出發。

你喜歡**做**什麼？木工？繪畫？園藝？烹飪？訓練狗兒？不管你擅長什麼，你都可以藉此創出一番事業。

嗯，讓我們回到音樂上。假設你對打鼓有興趣；或者，算了，把打鼓劃掉，我們來談吉他。打鼓很酷，但我比較懂吉他，就讓我們以吉他為例吧。假設你想要做音樂，而且你希望有人付錢給你做音樂。再假設你想要留一頭長髮，凸顯個人特色。我認為這些都沒問題。

且讓我們回頭去看之前提過的幾條原則。如果你想要開始培養一項新技能，你要做的第一件事就是短期專精。彈吉他是這樣，非關吉他的其他任何事也是這樣。我會說，你每天應該要花一小時練習任何你短期想要專精的事物，這是一個很合理的起點。你可以多加一點，這就看你要培養的技能而定，在某些時候，你可能也可以少一點，這方面沒有硬性規定。你需要運用一些判斷力來決定要做多少必要練習，怎樣是太多，怎樣又是太少。如果有疑問，可以請已經找到答案的人幫忙，換言之，就是聘用一位教練。

接下來，我們來看看整合v分離。你想成為哪一種吉他手？你想的是搖滾吉他手、爵士吉他手，還是鄉村吉他手？還是說，你想成為一般的通才吉他手？這我當然不反對，但，你還是必須挑一個地方開始，假設你想學習搖滾吉他好了。姑且說，你每次聽到金屬製品樂團的音樂時，都會讓你背脊一涼；如果有什麼在你身上激起這種反應，這就是一種值得投入的技能，你應該是認為這很酷，而且能引起你共鳴。想一下你的人生中所有能達到這種效果的事物。可能是你讀到了一部作品、觀賞到一齣喜劇或解了一個數學問題，我無法指出你可能對什麼有興趣，我只能告訴你一旦你決定了之後，要怎麼才能做到更好。

對我來說，有很多事都能讓我充滿熱烈的興奮之情。我不是運動迷，但我可以了解為何有人會沉醉其中。我愛辯論；喔，天啊，當台上有人提出好論點時真是讓我感到激動，我直到中學加入演辯隊之後才開始了解這一點。還有什麼？有一陣子我很瘋溜溜球把戲，但我不確定我的熱情是不是高到夠讓我願意把人生花在學習這些技巧上，但，不管怎麼樣，至少都足以讓我至少去涉獵一些。我對哲學和科學感到著迷，我當然也熱衷於發展事業。最後，我也對上帝著迷。我對信念著迷到不可自拔。這些都是我的興趣，是其中的大部分。現在，你該去找一些屬於你自己的興趣了。

你一開始可能不知道興趣是什麼。你可能對幾個涉獵過的領域有興趣，清單上還有一些候選項目。你不太確定，可能是因為從沒花時間去練習。這是一個測試，因為如果你真心熱愛一件事到某種程度以上，你絕對不會在乎要花時間去練習，就算一定會遭遇到無盡的挫折也沒有關係。我記得高中時看過一位我最崇拜的吉他手現場教授相關技巧，台下有一個人問他，他怎麼能找出這麼多時間練習吉他。他看起來很困惑，並回答說：「因為我想要彈吉他？」對他來說，這根本不算一個問題。他當然會找時間彈吉他，因為他**想要彈**吉他。簡單之至。我是說，這理所當然！

如果你想做一件事，你就會找時間去做。這個問題和挪出時間、安排時程這類的事情無關，重點在於激發你的是什麼因素。這個問題的重點，是什麼事才是你的人生重要大事。我希望我已經做好了我的工作，解釋清楚什麼東西才該是你人生的重點；如果還有人不明白的話，我要在這裡講明我不是一個道德相對論者。亞里斯多德告訴我們，活著只有一種正確的方式，這個正確的方式就是好好活。老套？或許吧。但，這不是事實嗎？

亞里斯多德也告訴我們，好好生活意味著要聚焦在某些興趣上、培養美德，還有，最重要的，要求好。阿奎那在許多方面都堪稱亞里斯多德的後繼者，他更具體定義幸福，他說，幸福是要從事好的活動並真正樂在其中，而且在做這些事情時要達到道德上的效果和意圖都是好的，或者，至少是中性的。這樣的限制不算多。如果你遵循這些聖賢哲人的智慧，就能讓興趣同時也創造出實際、真實、真確的幸福。換言之，你渴望的不一定是好事，而是說，有些事對你來說真的很好，這些才是你應該渴望的事。

亞里斯多德這麼說：

秉持所有美德過日子，而且有足量的外在財物，不僅是在幾個剛好的時期，而是終其一生都如此，這就是幸福的人。

阿奎那則寫道：

任何創造出來的好都無法構成人的幸福。幸福是完美的好，完全滿足人的渴望；如果還有其他的渴望，這就不是終極目的。意志的對象（亦即人的渴望）是放諸天下皆為好的事物，就像是智性的對象是放諸天下皆為真的事物。因此，顯然，除了普世皆為好的事物之外，其他任何事物都無法滿足人的意志。這在任何創作作品中都無法覓得，唯有在上帝身上才有。

這是什麼意思？其實很簡單。這是說，當我們活著的時候，無法達到完美的幸福境界，但是有一大部分可以，而這要透過明智地累積知識、美德、財富和友誼來達成。當人聽到**財富**一詞時，他們的反應會是，**欸，亞里斯多德是臃腫癡肥的資本家什麼的嗎**？我認為不是，但是，他確實認同滿足物質需求是很重要的事。基本上，亞里斯多德說的是，如果你快要餓死，那很難快樂。他甚至講得很明白，人應該要適度擁有財富（以及多數其他物質財物）。人應該審慎累積財富，但不可過度。換句話說，如果你想要的話，就多賺點錢，但不可僅為了自己而賺。反倒是當你真的有了很多錢，可以適時地把多餘的錢捐出去。

對很多人來說，這些話聽起來毫無吸引力，但是，請想一想，如果你是為了做好事賺了錢、而不是為了累積財富去賺錢，會培養出哪些不同的人格特質。我猜，你可以把這當成一種指標，一種用來衡量優先順序的方法：一個人賺了很多錢、但把大部分的錢捐出去，他做這些事是有理由的，不光只是為了賺錢而賺錢，是為了更好的理由去做事。我們等一下會回過頭談如何練習你有興趣的事，而我現在談的這部分很重要。

我可以告訴你，亞里斯多德說的這些話真是太對了。在我的人生中，我曾經很善於賺錢，說實話，我現在還是。離開大學時我訂了一個目標，我要在二十七歲錢賺到一百萬美元，我也成功達標了。我買了一輛黃色的保時捷，在所有高檔、迷人的餐廳用餐，去最豪華、熱門的地點度假，結果怎麼了？我不會說我很悲慘，絕對不是這樣，但，我也沒有特別快樂，我也並沒有感到特別滿足。反之，這變成一場持續的貓捉老鼠遊戲，我追逐著某個目標、某個對象或是我想要做、想要買的東西，我達成了目標、得到了標的或是做到、買到我想要的，我會短暫享受成功，細細品味，小心把玩，或是拍張照，然後感覺就消失了。現在想起來，這很讓人思覺失調。問題在於我認為要找尋幸福，就在於擁有成就以及銀行帳戶裡有著天文數字。到頭來，我錯了。這樣找不到幸福。幸福藏在亞里斯多德所說的事物裡：去做、去知道與去創造好的事。

根據亞里斯多德所說，幸福是一種具有累積性的特質，因此，這是只有走到生命盡頭時才能得到的東西。人生的幸福，並不是有個「幸福的童年」那種幸福，也不是一下開心、一下又憤怒的狀態，而比較是「從豐盈、充實來說的幸福」（希臘文裡的「*eudaimonia*」就是在描述這種狀態），這要長期下來才會出現。阿奎那說，因此，為了能達到完美的幸福狀態，我們必須認識上帝。這或許意指要被公車撞一下或什麼的，才能達此一目的，但我們暫時先別急著實踐這部分！在此同時，我們可以先祈禱就好。

我提這些的理由何在？我要再說一次，我希望你在決定想要把哪些事做得更好之時，能有正確的導向；我希望你能投入並好好享受，因為這些都是值得享受的好事，不管什麼事，只要是為了對其他人有利而且基於正確的理由去做，都是該享受的好事。我認為，我們甚至可以提出主張擁護綜合格鬥，音樂、寫作、數學和生物當然也一樣，而且，說實在話，任何事實際上也都一樣。心中謹記著整體的大目標很重要，非常、非常重要。我們要朝著幸福的方向走。我們堆疊技能不是只為了培養優勢，更是為了找到充實滿足。好了，布道結束。讓我們繼續談下去吧。

現在來談整合∨分離。假設你選了吉他，而且你想要學搖滾樂。嗯，那麼就先從會彈一首曲子開始。你可以請人教你，或者，你可以在網路上找到教學影片，一點一點慢慢學。馬上，你就碰到你不會的難題了，比方說，學著如何用正確的方法握住吉他彈片。你要把這項技巧分離出來練習，一直到做對為止，而且不要急。你要花時間才能開始學會技巧並繼續發展下去，多花點時間在基礎上是很值得的。在這方面，大腦的運作就像是慢燉鍋一樣，你演練所有技能，就好比是要放進所有食材，在某個時點，你需要開始燉煮然後就忘了這件事。等到你隔天回來看，但願所有食材都已經完美融合在一起。隨著你做得愈來愈好，有時候你會需要多花一點時間做些精緻的烹調。一開始的技能有點像在處理生菜，你不用花這麼多時間在入門級的材料上，只要先準備好，以便之後用在其他較複雜的菜色料理上。之後，你會開始烤牛肉塊，比較高階的技能就需要花比較多的時間，才能煮爛、煮出味道。無論是吉他的掃弦技巧還是運動的頭倒立，就算你的練習時間不變，也同樣專注，但你需要拿出更多耐心才能成功。

請記住，就算你把技巧獨立出來練習，你仍是為了要達成特定的目標而努力。這個目標可能是要在自家客廳為祖父母彈奏一曲〈水上之煙〉（Smoke on the Water），或者要第一次能做到一組五下的引體向上，無論是什麼，都要確定你有一個目標，要確定你所有的努力某種程度上一直都是朝著此目標邁進。不要只為了練習技巧而練習。整合 v 分離。練習你需要學習的技巧，是為了去做你想要的事，你要盡可能在展現這些技巧的脈絡之下練習。

現在讓我們以另一種技能為例：來談談寫作。

假設你想要成為一位幽默作家，你想要寫笑話，因為你想要表演單口相聲、寫幽默小品和專欄，或是成為喜劇節目的編劇。我覺得這很棒。那麼，你有一部分的練習就是要去閱讀，並盡量去聽聽你能接觸到的最有趣的人們怎麼說話，這就好比任何音樂人都要做的一項練習來說，那就是要去聽聽自己喜歡的音樂家與樂器專家。在這之後，你真正需要做的是坐下來書寫。顯而易見的是，如果你想成為幽默作家，你要練習寫出能逗笑別人的想法。文法和句法都需要獨立出來，但，同樣的，做法走向也要契合目標。我想，你在寫作幽默作品時會發現，有時候你會想要機智地打破文法和句型的規則，以達成某些效果，就像作家林．拉納德（Ring Lardner）那樣傑出，就讓我們以他的作品《少年移豬》（*The Young Immigrunts*）為例：

老爸你迷路了嗎我輕聲問道。

閉嘴吧他解釋。

你可以分析這一段，試著檢視是什麼因素讓內容變得有趣。顯然，有一部分是意外這個元素。沒有人會認真解釋要別人「閉嘴」，對吧？（弄得好像這還要解釋一樣。試圖解析幽默就會有這種問題，在解析的過程中幽默就死了。）但，如果從小孩的眼光來看，就有這麼一點道理。但，這給了你一個想法：你可能會想從小時候的觀點出發來寫一個短篇故事，你可能想寫一篇和家庭公路旅行的荒謬有關的作品。很好。我認為這大概能讓每一個人都笑出來。誰沒有和家人一起公路旅行、最後變得荒腔走板的故事可說？如果你想，你也可以借用我的經驗。我可多著了。

這就是整合ⅴ分離。你練習寫作，而且是在你想要做得更好的目標脈絡之下去練習。如果是我要寫這個故事，我會把重點放我們全家開車東遊、我媽在副駕駛座呼呼大睡的那件事上，而且她大部分時候嘴裡還叼著香菸呢！接下來發生的事，就是香菸掉在她膝上，我父親大叫：「該死的，茱蒂！」我們全部人都瘋了，整台車開始搖搖晃晃。我媽驚醒，開始狂找還點著的香菸，想要把菸丟出窗外。唯一的問題是，車窗多數時候都是關上的，因此，被拋出去的香菸又彈回來，在其中一個扶手上燒了起來。這不太算是一種故事形式，但沒有關係，任何寫作計畫的第一步，就是寫出一點東西，你之後可以修改，加入更多讓人興奮的因子。一開始可以從很粗略的初稿下手。

所有創意上的努力都是片片段段拼湊出來的。寫歌的時候先寫出簡單的旋律，寫故事的時候先設計出簡單的主題。細節、巧妙、調性和文字修飾等等，都可以一層一層加上去。不管練習技巧還是主動創造，任何技能的關鍵就是要開始動手去做，並努力朝向心裡的目標邁進。

顯然，重複和抗性也要在這裡插上一腳。如果你不演練技能、練習時不提高要求，你就做不了整合或分離。你可能要先練習彈片、然後進階到撥出和弦，或者，先寫三百字、五百字，然後到寫出一千字。無論你如何提高抗性，一定要確認仍然和你的目標一致。換言之，不要把事情弄得很困難卻不相干。我之前在練習吉他的時候就經常這麼做：我會去學要花上大把時間才能精通的高階技巧（比方說掃弦），但是這些對於我想彈奏的音樂來說不是那麼有用，對於一般人愛聽的音樂來說更是如此。我陷入專精的陷阱裡，只是一心一意想要更好，而不是為了把事情做好而更好。

現在我們來談談武術。有人對於格鬥有興趣嗎？很好。你的興趣很可能是來自於童年過得很辛苦，或是你有滿腹被壓抑的挫折。我不是說武術可以療癒這些傷痛，但我可以說武術幫助我找到一個有益、實際的出口。當我們把通才主義的原則應用在這個領域時，會是怎麼樣的？你一開始心裡要有個目標。你的目標是競技，還是你比較想要成為表演者？我最初練跆拳道時，我想要競技。這代表我要把多數時間花在練習這項運動中最有用的攻擊招數，尤其是迴旋踢。但最後我轉而探究武術的美學面，這表示，那時我可以多花時間在高飛踢特技和技巧上，這些動作在對打時沒太多用處，但絕對看起來很酷。

我記得我的教練要我重複練習旋踢幾千次，有時候，我們必須把旋踢分成好幾個步驟來練。這是分離，但是也都是為了朝向整合邁進。我們從不練習我短時間內用不到的踢法。套拳、品勢和自衛術也是如此。很多時候，我們必須把動作分解成比較小的部分。我認為，你在培養很多技能時也必須這樣做，但你應該一直要記住的是為什麼要去做這些事。我們之所以去做這種進度緩慢的技巧分離練習，是為了達成最後能無縫整合的目標。有時候（其實是經常）你需要把某些東西從脈絡中抽出來，才能讓練好這些技能、等到套入脈絡中時能發揮作用。因此，你重做再重做（重複），愈來愈接近（抗性）將這項技巧做到最終的型態，比方說可以去競賽、表演或創造。目標是什麼並不重要，到頭來，流程都是一樣的。

那麼，如果是沒那麼漂亮、迷人的技能呢？我知道我談了很多我個人有興趣的事物，另外也有其他我沒那麼熱衷的東西，但可能你想學。比方說鑑識分析。有人想要成為鑑識分析專家嗎?沒有嗎?那好吧，我也是這麼想的。那海洋生物學呢?有人想要了解鯨魚或虎鯊嗎?或是海星?且假設你想。這是我沒有興趣也沒能力涉獵的領域，但我向你保證，通才的原則仍然適用。就以解剖技能為例。我並不太清楚這和海洋生物學的相關性有多高，但我猜海洋生物學家要解剖，而且解剖顯然也是一種技能。我知道，是因為二年級時我必須切開章魚。坦白說，這很噁心。我們先從小的程序開始練習，最後才開始進行完整操作。我們先分離，以利之後的整合。到現在我已經忘記我們到底是為了要找什麼去解剖，但我很清楚記得這件事是循序漸進的。我們有個目標，這個目標分解成一小部分一小部分，讓我們可以練習。顯然，我們所有人做的都稱不上乾淨俐落的操作。（有一個小孩把章魚放在自己頭上，假裝章魚要把他的腦漿吸出來。這孩子馬上變成班上的英雄。）暗示小二生上完一堂課就能精通解剖技能，對於任何出色的解剖專家來說都是一種羞辱。我對解剖了解不深，很難說清楚要花多久才能培養出這項技能，但我大致上對於技能有一定的理解，我可以說，這絕非一夜之間可以達成。

重點是：你有興趣的對象是什麼並不重要，唯一重要的只有你要找出如何應用通才主義的各項原則，讓你用最有效率的方式去練習，以達成你想要的成果。你在練習的時候心裡要想著更大的格局：某種程度上，你仍要朝著幸福、豐盈、助人的目標邁進。

最後，當你以我們之前談過的基礎技能為本來培養興趣時，你就是在打造一個強力穩固的基地，讓你可以推展事業或創業。但，最後還有一個重要因素。就算你已經培養出這些基礎的關鍵統合技能，做好準備並找到導引，就算你真的在這些基礎上把你有興趣的事情做得非常、非常好，通常還有一道缺口。這道缺口，就是要如何善用你已經具備的很好至很棒的能力，並與其他你擁有的技能相結合，然後把組合後的成果帶進現實世界，而且，希望能從中賺到錢。

這就是我們接下來要談的主題。

Chapter 7

Skills You May Need (But May Not Be Interested In)

第七章

你可能需要（但或許不感興趣）的技能

若要讓別人付錢請我們去做我們熱愛的事，必須要了解我們所愛的事物如何讓別人幸福，還有，如何用最高效的方法把訊息傳達出去。

現在，你已經很擅長去做很多事了，你希望能用你學到的所有技能做出一點成績，你想要把你的技能貢獻給社會。很讚。了不起。太好了。超棒的。好消息是，你還需要去做的工作或許已經沒這麼多了。有一種現象可能會讓你感到很訝異，那就是，你會發現當你開始結交朋友建立人脈、培養出直接思考的能力以及擅長於人們有興趣的技能之時，很多事就開始自動契合了。可能會有人想花錢請你教他們一些東西，或者，他們希望你表演或提供服務。但，事情不見得永遠能這麼順利自動地配合，有時候你可能需要重新定位自己以及你能提供的東西，才能吸引別人。

且讓我們試試看能不能用短短幾句來學完整套經濟學，因為我認為這可以幫助你看清楚要如何對這個世界定位你的技能。

請記住，人是理性的動物，這表示他們在思考與做決策時都是為了自己。那，他們要決定什麼？首先，乍看之下好像每個人要做各式各樣不同的選擇，基本上這是一種幻象。

人們通常都僅做一個決策，而且是以他們認為最能讓他們幸福的因素為標準。人會試著滿足自身，我們幾乎想不到有什麼樣的情境是人特意做出會讓他們不幸福的決策。

就算是做出驚人的自我犧牲之舉，人會這麼做也是因為他們已經養成了某種人格，而這些自我犧牲的行動能讓他們快樂。（這可以當作一個範例，用來說明何謂調整你的興趣、以搭配真正的好事，反之則是調整你的興趣、以配合不好的事。不管是哪一種，你都是因為這件事會讓你開心、因此你有興趣去做。但，如果亞里斯多德說的是對的，那麼，就有某些事比其他更能創造幸福，而這些事是你應該渴望的；而，這個問題又夠寫出另一本書了。）我們不用分析人所做的每一個決策，也能得出一個明顯的結論：人做的任何決策，都是因為他們認為那麼做或早或晚能讓他們幸福。事實上，就算人去做一件**當下**不會讓他們特別感到幸福的事，比方說早起去工作，也是因為他們知道如果他們不去工作然後被炒了魷魚，**之後**他們會更不快樂。

到目前為止，我們討論到哪些重點？

重點一：人是理性的。

重點二：他們做的決策都是基於他們想要快樂。

有時候人會犯錯。就算人是理性的，也不代表人永遠都能做出對的決策，有時候他們會做出錯誤的決策。但是我們不用結果是對是錯來衡量理性。所謂理性，我們只是指人會思考事情並權衡決策，但是，人可能在不盡完美的情況下這麼做。他們可能做出錯誤的決策，或者，他們可能也缺少能做出正確決策的必要資訊。但，我要再說一次，人會做決策，而且他們運用理性去追逐他們認為能讓自己快樂的東西。這是經濟學最基本的原則：**有目標的行為**。

人會去做他們認為最好的事，以得到他們想要的東西；至於他們是對是錯，那又是另一件事了。在這個流程中，有一大部分表示要和其他人進行交易，形式則為買進或賣出。這是經濟學的另一項基本原則：**自願交換**。一個人之所以買進或賣出某個東西，僅是因為他們相信自己在交易之後會變得更好。換言之，人僅有在他們認為能從中受益時才會去買或賣什麼東西，而，所謂受益，我們指的是能提高他們的主觀幸福程度。如果人覺得在買賣之後會變得比較不快樂，意即出現損失，那就不會有人想要買什麼，也不會想要賣什麼。你甚至無法想像什麼時候會出現這種狀況，當然，被脅迫的情況除外，比方被搶劫或被徵稅。

經濟會成長，是因為不同的人認為能讓自己幸福的事物是不同的。不同的人看重不同的物品與服務，而且程度也不同，因此，他們可以進行交換，並讓雙方從中獲益。用一千三百美元賣出一輛車的人，拿到這筆錢會比擁有車高興，用一千三百美元買這輛車的人，拿到車會比擁有錢更高興。在交換是自願的前提之下，兩邊都受益。我們不用擔心每個人喜歡的東西一樣並彼此爭奪，因為並非大家喜歡的東西都一樣、程度都一樣或時間都一樣。正因如此，自願交換原則才這麼強大且有用；這讓人能透過自由與他人交換財貨與服務來提高主觀的幸福程度，每個人都受益。

到這裡，你可能會問我：「那好吧，派特，但這和我有什麼相干？」這很重要，因為這幫助我們了解人為何會買東西，以及他們為何願意付錢給我們。我們擁有一些很酷的技能套組，但，就算擁有這些，也不代表別人就會付錢叫我們去運用。我們必須要有價值提案，我們必須要讓別人看到我們的技能要如何讓他們更幸福。或許你是解決他們遭遇到的某些問題，也或許你是幫助他們在某些方面成長。我們不用明確知道你的價值提案是什麼，而且，平心而論，這會因為不同的人、不同的技能而不同，我們只需要知道，若要讓別人付錢請我們去做我們熱愛的事，必須要了解我們所愛的事物如何讓別人幸福，還有，如何用最高效的方法把訊息傳達出去。你不能光是說：「嘿，我懂武術。」然後期待大家因此付錢給你。可能會有些父母看到自家的孩子老是挨揍，他們希望教孩子如何自衛。這可能是你的價值提案：你教孩子如何反抗霸凌。顯然，會有人願意因此付錢。我們知道這件事，因為確實有人這麼做。

要讓別人掏錢給你做你愛的事，這就是第一步。請看看市場，並成為學習了解市場的學生。研究人怎麼花錢，然後判斷這能不能對應上你已經擁有的技能以及如何對應。看看做事最成功的那些人，並試著審度他們擁有哪些你沒有的技能。這裡就是我們完成技能堆疊的終點。我們要找出少數幾項失落的技能，這些技能可以盡量把我們的價值傳達給這個世界，並讓人們想要和我們做生意。

我剛踏入健身界時，我先去看在網路上經營的有聲有色的創業家，當中有很多人的體態也並沒有比我好太多。因此，我知道，讓他們成功的不是擁有強壯的腹肌，也不是能舉起最大的重量，而是其他的因素；而且，同樣的，他們都是通才，不是專才。最後，我發現當中有很多人善於廣告、文案撰寫和其他我完全不懂的商業技能。雖然我不是廣告文案創作者，但我有成為作家的基底。我看過愈多人之後，我愈發現撰寫高效的廣告極為重要。我決定要去讀一讀幾本談撰寫文案的書，並學著如何寫出有吸引力的標題和扣人心弦的部落格標題等等，你猜怎麼了？注意我的群眾大幅增加。

我也看到比我成功的人都善於賣東西。他們知道如何利用所謂的「訴諸性吸引力」來傳播他們的訊息，他們知道如何用適當的方法和與他們做生意的群眾說話，提高大家的個人幸福。不管他們是否自知，但他們都很懂最根本的經濟學法則。他們很了解人的行動，也知道如何吸引行動。他們了解如何創作與提供方案、服務或貨物，直指人們尋找健身方案以求解決的問題。

我知道我需要學習撰寫文案與銷售，我知道我需要學著如何讓大家都知道我的價值所在。這也就是銷售的重點：銷售是定位你所擁有的東西，要讓人們將這視為解決他們問題的方案。幾乎每個人都有一個靠別人的技能才有辦法解決的難題，唯一的問題是，多數人都不會從這種觀點來看事情（至少，從你的角度來看這是個問題），你的任務是讓他們看到這一點。

我在寫作和健身方面已經做得很好，但是我討厭銷售，因此，這一項就成為我需求導向的技能，我需要在這方面做得更好，才能靠著從事我熱愛的工作過日子。這是我學習銷售技巧的理由，你或許也需要這麼做。我並不認為銷售是一種基本技能，我認為這是一種需求導向的技能。成功的人不一定都是出色的推銷員，有些人單純創作出大家想瘋了的作品，銷售水到渠成，這種現象也透露出很多銷售的本質。但很多成就非凡的人確實也是很棒的業務員。此外，很多銷售技巧都併入基本能力範疇的說服技能當中。銷售比較著重細節，比方說如何制定商品或服務的價格，以及如何在特定市場或環境當中自我定位。但，如果一開始少了對於說服的基本理解，這些細節都沒有用處了。

銷售，某種程度上可以說是超越說服，又更深入一層：人只會付錢買他們想要的東西。如果你希望成功，就要銷售別人想要的東西。如果你無法銷售能解決他人問題的方案，就沒有人會跟你買東西，你在其他方面多有說服力、有多少人喜歡你、想跟你相處或想參加你的生日派對，都不重要了。我針對銷售能提供的最佳建議，就是不要去學高壓銷售技巧，反之，請把你的銷售技巧聚焦在能讓其他人感興趣的方式。換言之，就是要給別人他們想要、他們要求的東西。想辦法創作出極具吸引力的作品，讓產品自動賣起來。一般來說不會發生這種事，但如果有的話會讓你的銷售工作輕鬆很多。（在某些情況下，人之想要某個東西，並不是因為那是必需品，而是涉及某些社會階級的象徵，比方說，現在最新版本的iPhone。很多人的主要動機，是擔心被別人忽略。人常想要幾乎每個人都有的東西，哪管那對於自我人生的美好幸福來說根本並不必要。）

首先請先思考你熱愛的事物是什麼以及你如何用這來幫助別人。如果你是作家，你要怎麼做才能賣出你的作品？且讓我們把話說白了，在有人聽說你這個人之前，你可能很難因為一部小說就有了名氣。如果你去教寫作、寫廣告之類的，那會怎麼樣？這至少能提供可滿足需求的服務，也可以創造你需要的收益以及曝光率，讓你去寫你一直非常想寫的小說。你必須以創意思考，就像你在寫作時一樣。這也正是通才主義的重點，並且能幫助你打破藩籬：有時候你使用一種技能（或一種技能中的子集合）以輔助另一種技能。我就多使用我銷售健身與寫作的能力來輔助我的……我不會說那叫「音樂事業」，因為那算不上事業，就姑且稱之為音樂活動吧。我能在音樂上贏得很多注意力，並不是因為我一開始就以音樂人自居，在蹩腳的老酒吧彈吉他培養群眾，而是因為我在健身與寫作上堆疊出的技能累積出群眾基礎。我在很多健身影片中使用了我自己的音樂，長期下來，就有人問我演奏曲子的人是誰。當我回答就是我本人時，我都會假裝不要太過興奮。

你手上拿的這本書也一樣。如果不是先具備了一些特定的能力，我費盡心力寫的這本書也無法引人注目。我需要利用健身來建立自己的名氣，之後我才搖身一變成為暢談通才主義的人。我想，我要講的重點是，如果你想要善用你的技能堆疊，你一開始要做的是銷售人們想要買的東西，而不是**你**想要賣給他們的東西。然後，長期下來，隨著大家認識你、喜歡你、信任你等等，你將能夠稍微撼動一下整個系統。到了這時，他們會更願意投資你這個人，或者，我們希望是這樣，當然前提是你的表現很好也交付了產品。

我要再舉一個例子。我有一位朋友是吉他獨奏家，專輯銷量很高，總是有人問他如何能靠彈吉他過活。他的祕密是，一開始他並不靠賣專輯賺錢，他最早經營一個YouTube頻道，教大家彈奏他們想學的曲子，然後再開設實體吉他教學課程，做一模一樣的事。由於他給了大家他們想要的東西（從某方面來說，就是吉他課程），因此，大家會認識他並且喜歡他和他的風格，一旦這樣的趨勢開始成形，他們就會去購買他的專輯並且點評、討論。外行人看著他覺得他運氣很好，但他不是運氣好，而是為別人提供了價值，最後價值又回到他自己身上。過去的他是一位出色的通才，現在仍是，他非常精通線上廣告與行銷。他一身的技能幫助他在 YouTube 進行布局，他這一身的技能最後匯聚回到一件他最想做、超過其他一切的事：創作與銷售他自己的音樂。

但，請注意他的妥協。請注意他並不滿足於**只是**把音樂放在網路上，賣不賣得出去就看天意；他的音樂很棒，但是如果他決定就是推出音樂、別的不管，可能根本沒有人能找到他的作品。反之，他很願意接受現實，並以最有助於培養群眾的方式來定位他的技能。他做了這些事之後，人們因為知道他這個人從而知道了他的音樂。這裡也請注意技能堆疊：他極擅長彈吉他、線上廣告，他在攝影方面的表現還可以、但不到出色的地步（鮑勃，抱歉了）。這簡單幾項技能結合起來之後，讓這位一度貧窮落魄的吉他手晉升成為百萬富翁。

我要再說一次，如果說要成為通才有什麼祕訣的話，就是你如何去適應：利用技能堆疊在某個領域提供價值，然後去滿足你在另一個領域的人生目標。專才就沒有這個選項。拒絕應變、堅持僅靠銷售音樂過活的人，通常都會過著靠人援助的生活，金主可能是女友、男友或老奶奶。這可能是因為他們是過了頭的純藝術主義者，只願意接受自我的導引而完全不管價值。從某方面來說，這也是資本主義的美好之處：如果你的態度是這樣，資本主義很快就會讓你低頭謙卑。如果你希望能心想事成，你必須願意讓別人也心想事成。這當中少有自我可發揮的空間。

也因此，你要審度自己需要哪些技能，祕訣（如果真有這種祕訣的話）就是效法。去看看擁有你想要的、正在做你想做的事的人。這指的是你可以去讀讀傳記與自傳，我極力、極力推薦你這麼做。如果你不知道你要從技能堆疊當中得到什麼，你就不可能知道你要堆疊哪些技能；想要搞清楚你要從技能堆疊中得到什麼，你就應該去看看正在做你想做的事的那些人。但，要記住，只能看對的事。記得去效法值得效法的人，而不是那些空有財富與名氣的人。如果你想效法有錢又有名的人，除了看上他們的錢和名之外，你還要有其他理由。

我還記得，當我開始進入健身界時，我讀到一篇文章，作者是一位我向來認為很有趣的人，尤其會讓在健身這一行工作的人感到興趣。我一向認為他的觀點和主張都很棒。一年之後我見到他本人，才知道他主修歷史，他還告訴我，他所學的歷史對他寫作健身方面的文章很有幫助，讓他可以帶到很多很有趣的趣聞花絮。那個時候，我明白我必須開始多讀一點歷史相關的書。大家都喜歡聽到事物的歷史。

這只是一個小範例，說明看來毫無關係的技能如何讓一個人能提出獨到的健身觀點。這讓他脫穎而出。你也可以看看比較有名的範例。我們都很愛AC／DC樂團，樂團的吉他手安格斯．楊恩（Angus Young）也是一個好範例，我認為，他之所以充滿魅力，不僅因為他是一位技巧紮實的吉他手，也在於他是一位饒富趣味的表演者。大家一講起楊恩，就會講到他著名的學生打扮和誇張的舞台表演。他的吉他演奏技巧多半都是比較後面才會有人講到的部分。是他的鴨步舞蹈和他在舞台上像神經病一樣的大笑，讓大家無法不去注意到這個人，觀眾在看完AC／DC樂團演唱會離場時，津津樂道的就是這些事。事實上，他常常搞砸他的吉他獨奏，因為他狂野又好動，但你知道嗎，誰又在乎這個呢？這是一種技能堆疊，這很有趣，你根本無法把眼光從他身上挪開。他根本不需要成為吉他技巧的上上之選。

另一個範例是馬克．吐溫（Mark Twain），高中時讀過他的《康州美國佬大鬧亞瑟王朝》（*A Connecticut Yankee in King Arthur's Court*）之後，我就徹徹底底迷上他了。大家都知道他是偉大的美國小說家，認為他應該是某方面的專才，但我強烈反對這種說法。對我來說，馬克．吐溫是通才的縮影，他可不是**只會**讀和寫而已。馬可．吐溫研讀哲學和歷史，可說是美國單口相聲喜劇演員的先鋒之一。有人說過，馬克・吐溫不是一位能演戲的作家，而是一位能寫作的表演者。不止這樣，他還受過訓練會開汽艇，更是一位商業人士。說到行銷和賣書，他可聰明得很；告訴你吧，他有名可不是因緣際會得來的。他練習並學習，涉足諸多面向。事實上，我之所以對於很多事感興趣而不是專攻一項，也是因為受到他的影響：我讀到愈多和馬克・吐溫相關的資訊，我就愈明白他的各項技能和他的成功是密不可分的。

那，有沒有不是作家或不是健身界的範例呢？來談談班哲明・富蘭克林（Benjamin Franklin）如何？還有人需要我舉證說服富蘭克林是一位通才嗎？你有想到任何他做不來的事嗎？他創作政治漫畫，發明避雷針和雙重焦點的透鏡，他是第一位美國郵政總局局長，也是一位出色（這是最保守的說法）的政治人物。他也學習各種事物，從科學到政治，從外交到銷售，無所不包。對他來說，這些東西某種程度上都有相關性，讓他成為獨一無二的他，過世兩百三十年後世人都還記得他。事實上，當你想到美國建國的諸位先賢時，你會發現多數人都是通才。他們的技能範疇很廣而且多元，除此之外，他們多數人都很清楚如何抗爭。這對他們來說就像打高爾夫一樣輕鬆。

我不想把你應該仿效的對象設定範疇限制或限定於某些類型，我認為你應該去效法你想仿效的人（但我有一些提醒警語），然後善用通才主義的原則進行逆向解析，看看哪些是你以需求導向的技能組合。

我現在要講到一些提醒警語：最重要的是，你僅需要聚焦在基本面。就算你仿效的對象從來沒有達到你最終想要的成就結果，你的技能堆疊方向必定永遠都要往這個方向走。你可以向事業成功但生活失敗的人學習，效法他們在事業上有所成就的部分，揚棄讓他的生活失敗的部分。成就、金錢和名聲可以都是好事，也可能不是好事，後者更常見。也因此，我們一開始時心裡就要謹記目標：我們去做某些事，是因為那是好事，而且我們也想要去做，並不是因為我們想要賺飽荷包。

請從享受以及想要幫助人們了解資訊知識開始起步。為了助人而去教別人與做好事的人，在天堂會得到無窮無盡的巧克力糖當獎品，而且還吃不胖。有很多事我不太確定，但這件事我很肯定。先不講永生的獎勵，光說你這輩子因為做了正確之事而湧出的幸福感，這件事就已經值得去做了。

Conclusion

Remember, Life Is Best with a Sense of Perspective

總結

請記住，有觀點的人生才是最好的人生

當我們開始看到自己穩定進步，重新發掘自己、重新看到自我本質與認為自己可以做到的事，那絕對不簡單，但，會讓人覺得非常充實。

你的大腦，感受到美好了嗎？是不是充滿著成就與豐盈，多到都從你的耳朵溢出來了？你有沒有覺得自己變得更加、更加聰明，可以征服整個世界，並且掃除任何絆住你讓你無法達成想要成就的障礙了？現在你已經知道訣竅是什麼，你不需要聖殿騎士打開聖杯。這可能比你想像中簡單；關鍵就是通才主義。學習以下幾類技能，然後堆疊：關鍵統合技能、有興趣的技能和需求導向的技能。我給了你一只金色聖餐杯；好啦，其實我給你的是這本書，還有，聖餐杯多半也都是綠色的，不是金色，但，隨便啦，只要你展開旅程就好。

現在我們要開始做練習計畫。我們把時程當成是學校的日程，就好像我們又再度成為學生一樣，只是這次要讀的是世界學校系統，要學的科目也不同。這表示，我們需要挪出時間來練習，但不會在同一個時間練習所有科目，各個項目分配到的練習時間也不盡相同。如果你問我的話，我會說這十分有趣。

我想你也會覺得有趣極了，當你在整個過程中開始發現可以很享受的時候更是如此。你會得到一些實在的成果；不要擔心萬一沒有成果怎麼辦，因為這套過程必然會創造出成果。練習寫作時，就會寫出東西。練習武術時，自然能用柔道把人過肩摔。如果有人得不到成果，那是因為他們無法堅守流程。他們無法堅守流程，是因為他們無法樂在其中：他們基於錯誤的理由去做事。

我已經聽到有人在嘟囔抗議了。我怎麼有時間去做這個？老兄，我有工作，還有，你知道的，我有孩子，以及其他各式各樣的責任。但，我之前說過什麼？這不是時間問題，而是優先順序的問題。我不能幫你找到時間，只能幫你檢視內在的自己，讓你看到你的自我實現（或者，如果你想要的話，也可以說你的**涅槃**）非常重要，你任何無法騰出時間的藉口都不成立——**只要你繼續找藉口，你就永遠都無法騰出時間**。這就好像我之前講過的吉他手，當有人問他為何能找到這麼多時間練習時，他只能帶著困惑挑著眉了。他能找出時間練吉他，是因為他想彈吉他。這不是一種循環論證，而是不證自明的道理。

繼續談下去之前，你要先回答自己一個問題：你想要把某些事做得更好嗎？你願意面對弄得一團亂與迷失嗎？

如果你回答「是的」，那麼，你有多少時間就不是重點了。時程滿檔、工作繁忙還有很多小孩的人，照樣可以把事情做好。他們趕早起床、熬夜不睡，需要的時候沖杯即溶咖啡提神。這是因為，他們想要更好，他們想要做事。我無法讓你理解變得更好與想做事是很重要的，我僅能**告訴**你這很重要，期望你能理解我的觀點，不用因為虛度人生而學到這些課，到了九十七歲才後悔莫及。我不想看到你追悔一切，我不想看到你追悔任何事。我希望你過完這一生時很清楚你用盡一切成為最好的你，因為這樣就夠了。但是，少了一分一毫都不行，那代表你沒有實現你的本質，你沒有憑著理性行動，你沒有做到上帝讓你來這個世界一遭要做的事。追求自己身為人的豐盈滿足，這當然也是你這個人的責任。

說到基本能力，你應該用冥想、反省和祈禱來展開每一天，你也可以運動。之後，你應該要去做你要專攻的事。把你最多、最有生產力的時間投入到這件事上。通常，這是你有興趣的技能，但也不必然。有時候你需要專精於基本技能或需求導向的技能，尤其是一開始時。換言之，並非每一門「課」都需要花上相同的時間。基本上你算是在家自學，那就更沒有硬性規定。擬定的課程時間應該要以能得到最大的練習效率和效果為目標。有時候短一點比較好，有時候長一點比較好，但一定需要一段最起碼的時間，因為，如果你讓自己花太多時間去做某一件事，你就會有很多時間把雙手插褲袋，什麼也沒做。你覺得亞里斯多德聽到這種事會開心嗎？我想不會。我個人認為，亞里斯多德應該會非常不高興。

會內疚是好事，訂下期限也可以幫助你把手從褲袋裡拿出來。替自己設下的時間不要長過你完成手邊（說到「手」這個字讓我有點遲疑）任務所需的時間。顯然，你不可能針對你應演練的每一項技能設下具體的時間，但，我要再說一次，在這方面你要去找別人尋求指引。看看老師怎麼說。我向你保證，要找到參考意見並不難。如果你覺得很難，很可能是因為你太懶惰了，你把缺乏資訊當成一個不做事的藉口。這又讓我想到另一個重點：把資訊當成一個藉口。

有很多人似乎相信，他們無法成功的原因是因為資訊不足。有些時候確實如此，但，很多時候，他們擁有的資訊遠遠超過他們知道應該如何運用的程度。我很清楚這一點，幾乎就像我也很清楚吃飯和呼吸一樣，因為在我擔任健身教練的這些年來，人們常有的抱怨就是他們手邊的資訊太多了，根本不知道要從哪裡下手。「資訊真的太多了，」他們會這樣對我說，「真是太讓人摸不著頭緒了。」

我還記得，我剛踏入健身界時，網路上的資訊多不勝數，我簡直興奮到不得了。未來能讓體態健美，這讓我熱血沸騰，因此我一天花幾個小時去閱讀文章和觀看影片，盡我所能學習和這個運動主題有關的一切。我當然學到很多，但在此同時，接收到的假科學胡說八道也沒少過。我多花了很多不必要的時間才開始啟動並且跑在前面，甚至於到了我花太多時間閱讀、太少時間實際操作的程度。沒有職業道德的人，才會把缺乏資訊變成一個藉口。我不需要知道更多，我只需要做更多。我需要停止閱讀多到要命的健身文章。

這種事我看多了。總會有人花很多時間閱讀無數討論運動和營養的文章。這很好也沒問題，但到頭來他們忘了自我改進面向中根本上更重要的部分：實際操作他們想要做得更好的事。

儘管去讀所有你想讀的文章吧；但是，如果你想更強壯，到某個時候你就得去做深蹲。儘管去看所有你找得到的手倒立教學影片吧；但是，唯有你經常性地讓自己上下顛倒，最後你才能精通此道。儘管砸大錢買下你貪婪的雙手能抱得住的商業書籍吧；但是，在你真的嘗試去銷售什麼東西之前，你是賺不到半毛錢的。我很欣賞以下一個看來顯而易見但經常被忽略的概念，這叫低度資訊攝取法：這套方法是說，你要特意去限制你花在取得相關資訊上的時間，（但願能）強迫自己花更多時間去落實手邊已經擁有的資訊。（整合∨分離，又再度現身在這裡了。）

我發現，基本上這是一套防呆方法，當你應該要動手練習時，卻認為只要針對你不想去做的事多讀一點相關資訊某種程度上可以適度代替，那正好可以戳破你；順帶一提，這幾乎套在任何技能上都成立。以我為例，我也曾在「學習」吉他時陷入這個陷阱。我遲遲不練習，以為觀看網路吉他教學課程也能有相同的效果。有趣的是，就算我真的有學到東西，也沒什麼大長進，一直要等到我不再去看多到要命的吉他教學影片之後才有進步。

我常常會請某個人坐下並對他說：「聽仔細了，小朋友，問題不在於你的資訊不足，重點是你不知道如何根據你握有的資訊去採取行動。」碰到這種時候，我們就要回歸通才主義的基本原則：整合∨分離，然後暫時執行低資訊量攝取法。就在這個時候，我們只要吸取開始動手所必要的最少量資訊即可，然後就去做。只有當我們覺得真正、確實需要更多資訊才能繼續前進時，才去尋求資訊。不然的話，我們就要特意去限制資訊量。

我想，一般人喜歡囤積資訊，是因為這會給人進步的假象。如果你研究的是歷史之類的，或許這可以，但如果是要流汗出力的技能，就不能這樣了。以多數技能來說，你會想要把行動的地位放在資訊之上。你要**動手做**多過於坐著讀。這完全不代表我反對閱讀；我自己也讀很多素材。而且，由於我要寫很多東西，因此，閱讀本身也是練習的一部分。我閱讀的素材類型，也僅限於我試著要寫作的內容（整合v分離）；我閱讀並不是僅為了取得資訊，讓我可以向別人炫耀說我知道很多事。我比較喜歡聽到人家說我憑藉著我的資訊去做了哪些事，而不僅是我知道什麼。

是的，有些技能可能一開始需要更多資訊，但目標應該永遠都是少花點時間尋求資訊、多花點時間實地操作。在這方面要做一個極簡主義者。從基本開始，然後盡早採取行動。

喔，對了，我說要成為極簡主義者，這一點帶我們來到最後一個重點。我認為，如果說我們還有什麼要討論的，那應該就是如何整合了。我無法鉅細靡遺告訴你該怎麼做，因為我不知道你應該花多少時間、安排什麼樣的順序或用什麼方式去練習你個人想要做到更好的特定技能，但，我可以給你一種心態，搭配我之前提出的方法。就讓我們來談談極簡主義。

極簡主義是說，為了從一個境地邁向另一個境地，只要做最基本的必要之事，多一丁點都不要。這也就是說，極簡主義者是站在交叉路口匯聚處的人，一邊是效果（做對的事），一邊是效率（把事情做對）。我說這是一種心態（或者，也可以說是一種意圖），是因為人不可能做到完全的極簡主義。沒有人在練習時能做到完全有效且完全有效率，但每個人至少都應該努力去做到。

要成為極簡主義者，你要訂下嚴格且有壓迫性的期限，給自己的時間不能多於必要，在某些情況下，你給自己的期限要短很多。舉例來說，我會鼓勵你想像一下，如果你一天僅能用一小時來培養自己成為一位通才，你會做什麼（意思就是，你要怎樣演練）？你要怎樣設法整合？你要怎樣設計你的重複？你要怎樣加入抗性？還有，更重要的是，你要忽略什麼？這項演練（就算只是心理上的）極為有用，因為這會強迫你去蕪存菁，不要讓你的練習計畫變得亂糟糟。

一天一個小時並不多，你要如何填滿這一個小時？你要做的事如何分配比例？各項技能又如何分配比例？你會安排做肌力訓練二十分鐘、彈吉他十分鐘、寫作十五分鐘、冥想五分鐘嗎？透過檢視與規畫這一小時的情境，不管是怎麼樣的技能組成，你都能組合出極大值；就以上的範例來說，我們是「短期」專精於健身，因為這一項分配到的時間最長。但這不代表你應該把一天的這一個小時只用來練習這一項。有時候可能這樣，但某些時候我希望你多練習幾項。不管是哪一種，重點都在於施加壓力以訂出優先順序，就算是你自己特意強加的壓力也沒關係。一旦你訂出先後，就可以延伸：先想好你用一小時的時間會做什麼，然後再想如果有四小時的話要做什麼。

多數時候，採取這樣的觀點將會強迫你直接把重點放在你想要完成的專案上。如果你想寫短篇故事，限縮你的練習時間，會迫使你把最多時間花在寫這則故事上，而不是去解構句子。這不是指解構句子無用，但，你現在真的有必要去做這件事嗎？請把你的雙手從褲袋裡拿出來！又或者，假設你想要在 YouTube 頻道上張貼和滑板有關的影片。我不太懂滑板運動，只有一知半解，但我可想像，如果你每天只容許自己練習一小時，這會強迫你特別去演練你要在影片中主打的花招技巧，而這可能會暫時把其他的都放到一邊去。

每個人填滿這一小時的方法會有很大的差異，因為安排大致上取決於你在當時想要達成的目標。如果我的目標是錄製音樂，這個小時的安排會和我的目標是學習音樂時大不相同。一開始心裡就要有明確的願景，限縮你要求自己達標的時間，套用通才主義的原則，並且開始行動。

我不能說以上這些事做來易如反掌，當然不是。但，我也無法想像，你之所以挑這本書，是因為你希望事情能輕輕鬆鬆。我設想，你挑這本書的原因，是因為你想要變得更好，而且把很多事都做得更好。變得更好並不代表輕鬆簡單，而且，為何有人會希望這件事很簡單？任何完成任務、贏得值得讚賞地位的人，都不是輕鬆簡單就辦到；如果事情那麼簡單、平順，那這是什麼目標？過程和享受過程都是目標，要做的事很可能極富挑戰性，但我們還是樂在其中。事實上，某種程度而言，就是因為事情不簡單卻有意義，才讓我們覺得享受。光只是坐在沙發上，這種工作毫無意義。當我們開始看到自己穩定進步，重新發掘自己、重新看到自我本質與認為自己可以做到的事，**那**絕對不簡單，但，會讓人覺得非常充實。當我們把更多事情做得更好並把這些結合在一起，為自己掙得更多自由與表達能力，貢獻我們小小的自己、特質與熱情，幫助別人也讓這個世界變得更美好，並讓自己的人生更光明、簡單且充滿樂趣，一樣地，那絕對不簡單，但這很有意義。

我要以下面這段話來做個總結：人生最大的悲劇不是只活短短的時間，也不是染上惡疾、害你遭遇毀容畸形這等可怕大事，比方說人稱象人（Elephant Man）的約瑟夫·梅里克（Joseph Merrick）。人生最大的悲劇，是一個人活了很久、沒有得過什麼重病，卻完全錯過了生命本來的意義：培養美德，導引自己能以創意表達自我而且「希望別人很好」，還有去知道、去創造與去做好的事。更簡單來說，就是**愛**了。不是溫暖相依的那種愛，而是緊緊擁抱全世界的那種愛。到了這個時候，你就知道自己因為正確的理由而變得更好了，你在許多方面都有所提升，而這些提升也讓你的靈魂變得更美好。要做到這樣，不必十八般武藝樣樣皆備，但你至少要會一些，基於對的意圖去學習某些技能，我認為這是一定要的。

請記住你開始或是想要開始去做什麼的初心，回顧一開始點亮你的心火、讓你想要實現自我的時刻。回想一下帶你接觸到美善、讓你也希望能夠擁有的那個人，我但願那個人鼓舞了你，就像作家艾爾文·布魯克斯·懷特（E. B. White）鼓舞了我一樣；我讀到他花很多時間培養寫作技能的緣由時，為之一振：「我在書裡想要說的一切，我希望說的一切，就是我愛這個世界。」

現在，當你找到你的路走進這個世界時，我希望你能帶著我的建議同行：和別人互相幫助。別忘了打個電話給媽媽。替陌生人拉著門並對他們微笑。在食物銀行放一些還新鮮的貝果。盡可能去學習你感興趣的事物。成為解決方案的創造者，而不是麻煩的引發者。不要陷入太多網路論戰中。試著不要去批判。嚼食時把嘴閉起來。告訴大家這本書裡有哪些讓你覺得很感恩的東西，也許，在亞馬遜網站上給這本書五顆星的評語（喔，我不知道）？相信比你自己更重要的事物。信賴你的直覺，但如果你是食人魔的話那就例外。每天都學習一件新事物。冥想。認真看花。養狗。在雨中散步。如果你想的話，穿上連身睡衣。永遠不要拒絕在後陽台喝杯酒（或喝杯茶）、並和你所愛的人一起看著夕陽西下。

致謝

我要對我的妻子克莉絲汀（Christine）獻上我最深切的感激。是她的耐性、她來來回回的校稿以及她給我的鼓舞激勵了我的士氣，才讓這本書得以問世。少了她，我寫不成書。

我也要感謝我戮力不懈的經紀人蓋爾斯（Giles），感謝他和我一起進行這個專案，並且幫這本書找到一個完美的家。

最後，我要感謝班恩貝拉（BenBella）的全體員工，尤其是我的編輯麗亞（Leah）和史考特（Scott），感謝各位幫助我琢磨我的訊息，成為現在的這個模樣。我欠各位一份恩情。

附錄　通才點將錄

大衛・鮑伊（David Bowie）

對於從小就認識大衛・羅伯・瓊斯（David Robert Jones）的人來說，看到他持續演進、穩扎穩打的技能組合導引他闖出什麼樣的局面，可能不會太過訝異：他成為二十世紀全世界最知名且最具影響力的音樂人之一。

小的時候，大衛・瓊斯（比較為世人所熟知的名字是大衛・鮑伊）就展現了藝術和設計技能、對各種不同樂器的興趣以及舞台上穩健的台風，讓合唱團的老師、校長以及同學們讚嘆。幾年過去，鮑伊把他的每一項技能都練得更好，並且加入其他項目，包括寫歌和表演。

鮑伊將演技、寫作、設計和音樂才華堆疊起來，創造出另一個知名的「分身」：齊格・星塵（Ziggy Stardust）。他參與各種不同的製作工作，從劇場到大螢幕皆有涉足，他還寫了一九七〇、八〇年代幾首最讓人記憶深刻的歌曲。他的多元技能組合讓他獨樹一格，成為他那個時代最具指標性的音樂家和藝術家，更是典型的通才。

多莉．克拉克（Dorie Clark）

多莉．克拉克並沒有計畫要利用各種不同的技能成為創業家、作家、演說家與顧問，創造多重但同樣重要的收入來源，一開始，她只是研究神學與哲學的學生。從這裡開始，她不斷前進，成為一位記者，報導政治動態。她在這方面經驗使得她成為總統候選人的發言人。之後，她主持一個倡導騎自行車的非營利事業，而她同時也是一位紀錄片製作人。

細數她的事業發展歷程，很多時候一開始並不順利：克拉克擔任記者時被辭退，她負責的候選人也敗選，但是，她很快就學到自己可以用獨特的方法堆疊培養出來的技能，為自己創造新契機，而且她可以從中賺得利潤。

克拉克過去的經驗成為重要的因素刺激她的想法，讓她去思考人如何重新發現自己、如何成為創業家，以及如何從生命與生活中得到最大收穫、卻又不去冒超過必要程度的風險。她精通電子郵件與內容行銷，成為《哈佛商業評論》（*Harvard Business Review*）等備受推崇商業出版品的固定撰稿人。她寫的書展現了她多年來養成的寫作、溝通與說故事等技能。她經營人脈網絡與演說的技巧讓她到處公開演說，並登上大型研討會。她會在演說時討論她獨到的視野，暢談重新發現自我以及如何掌握和善用創業精神。她會提供有用且迭有新意的內容，讓研討會有別於充斥行銷顧問的市集。她沒有修過任何商業課程也沒有工商管理碩士學位，但是她是杜克大學（Duke University）傅庫商學院（Fuqua School of Business）的兼任教授，也在幾家美國最負盛名的商學院擔任客座講座。

身為作家、顧問、行銷人、教授與商業教練的克拉克，將基本與非基本的技能結合成獨特的堆疊。克拉克說：「通才統治全世界！」

泰瑞・克魯斯（Terry Crews）

後衛（linebacker）一詞投射出壯碩肌肉男的形象，他們是如厚牆一般不動如山的野獸，擁有強大的力量，但以心智或創意能力來說就沒那麼高。

身為演員、藝術家、設計師、導演與前美國美式足球聯盟（NFL）後衛的泰瑞・克魯斯，顛覆了前述的刻板印象。

克魯斯剛進大學時主修藝術（他甚至一度在密西根州佛林特市〔Flint, Michigan〕擔任法庭畫師），連他已經在足球聯盟踢球時，都還靠著替隊友畫像並取得聯盟授權版權，在踢球之餘多賺一點收入。

從足球聯盟退下來之後，克魯斯轉而實現人生另一項熱情：電影。他和其他人共同編劇與製作一部電影，講述毒品對於底特律（Detroit）年輕人造成的摧殘效應。他承認這部電影很讓人畏懼，但這是他需要的起點。他很快就搬到洛杉磯，之後幾年，他又演出多部電影與電視節目。克魯斯隨後撰寫自傳，詳述他身為基督徒、上癮者以及一個克服最黑暗心魔者的人生。

他將一個一個技能穩穩地往上疊。創意藝術能力在他的好萊塢生涯中幫了他大忙，體能在他飾演某些對於身體帶來重大挑戰的角色時也助他一臂之力。他對於自身的癮頭和錯誤的了解，也讓他擁有更高的敏感度，可融入角色當中並讓他能站在觀眾的立場去看，問問自己他們想要看到什麼，然後表演出來。

克魯斯是現代的通才，他找到並培養出自己的技能組合，並以他主要的熱情表演為基礎往上堆疊，於是成為家喻戶曉的名字。

桃樂絲．丹寧特（Dorothy Dunnett）

生於蘇格蘭的桃樂絲．丹寧特一開始並沒有打算革新歷史小說寫作這個領域，但是隨著她的技能組合有了這股力量，她也就這麼辦了。

丹寧特最早在公關界嶄露頭角，為多個政府機構擔任媒體辦公室主管。在事業發展中途，她開始去做更有創意的事。憑藉著她在愛丁堡藝術學院（Edinburgh College of Art）與格拉斯科藝術學校（Glasgow School of Art）的學習經歷，她常常受委託繪製人像畫。

在她的雙重事業發展過程中，她遇見了她的先生阿拉斯特爾・丹寧特爵士（Sir Alastair Dunnett），兩人育有兩子。然而，一直要到快四十歲時，她才湧起寫作的念頭。當時她很感嘆找不到有趣的書可讀，她的丈夫建議她可以自己寫寫看，她就這麼辦了。

但是，在寫作之前要先做研究，丹寧特可是帶著滿滿的活力投身其中。她成為短期的專才，浸淫在她要寫的書設定的時代裡，甚至更進一步，針對莎士比亞名劇《馬克白》（*Macbeth*）裡的主角發展出新的歷史理論。之後，她開始寫作，她對於角色以及角色所處歷史時代的深入理解，讓她享譽國際。不寫大部頭的歷史小說時，丹寧特會伸展一下她的創意寫作才能，寫一點輕鬆的偵探小說。

在她身為作家與藝術家的這些年裡，丹寧特也利用商業、經營人脈網絡與個人技能來推展蘇格蘭文化以及藝術，服務於蘇格蘭國家圖書館（National Library of Scotland）、蘇格蘭國家戰爭紀念館（Scottish National War Memorial）與愛丁版書展（Edinburgh Book Festival）等機構。她也是蘇格蘭電視台（Scottish Television）的執行董事，並夫唱婦隨，是推展全球性規模最大的藝術慶典愛丁堡藝術節（Edinburgh Festival）不可少的推手。

有創意又優雅，犀利又機敏，丹寧特確實是一位通才。

戴夫・佛瑞斯（Dave Frees）

戴夫・佛瑞斯是遺產事務律師、單口相聲演員、記者、攝影師、作家、跆拳道黑道高手、一心一意奉獻給家庭的男人、走遍世界的旅人，也是《富比士》（*Forbes*）雜誌總編輯史帝夫・富比士（Steve Forbes）口中「溝通與說服技能的出色大師」，但，小時候，他的祖父說他是「沒有重點的半吊子」。

九歲時，小小年紀的佛瑞斯就完全沉浸在讓他著迷的研究或技能當中，比方說地理、攝影等等，幾個月專注在做一件事上，直到他做到「很好到很棒」的地步為止。然後呢？他會邁向下一項技能、下一項研究，孜孜不倦地盡量學習，等他年紀更長，他會去學所有需要學的東西，以便從中賺錢。佛瑞斯說，金錢是一項動力，因此，如果有人願意付他錢，那必然表示，不管他們付錢要他去做什麼，他在這件事上已經達到很好至很棒的程度。

年輕時，一位地方記者付他錢請他擔任攝影師。他的寫作功力也不差，因此，他提議撰寫文章來說明他拍的那些照片。成為記者之後，他學到寶貴的傾聽和訪談技巧，也學到如何說故事。他大膽愛冒險，和大學時的女友兼後來的妻子走遍全球，並學習不同的語言，而且都達到尚可的水準。他努力工作、堅持不懈，創辦了幾家公司。

這些技能一個一個堆疊起來，因此，不論走到哪裡（十六歲時他以扶輪社〔Rotary〕交換學生的身分去了紐西蘭，還去過澳洲、英國，也去讀了賓州大學法學院），他都能真正地傾聽他人、與人們互動並與他們搭上線。這些人也讓他成功成為單口相聲喜劇演員。現在，他和需要遺產規畫的客戶合作，商談的過程通常讓人悶悶不樂而且深感壓力，這些技能幫助他在其間緩解這些張力。他善用攝影技巧，為自家律師事務所的行銷活動創作與設計圖像。他的寫作與說故事技能，則轉化成高效行銷。

佛瑞斯說：「在外人眼中，我的生活很混亂且沒重點，但對我來說，這是繽紛的織錦，各種技能組合互相搭配在一起，讓我如魚得水。」確實如此，對任何真正的專業通才來說亦然。

◐ 丹恩・約翰（Dan John）

我喜歡把現在的丹恩・約翰稱為「通才大師」，他成功結合各種看來不能放在一起的技能組合，親身演繹了通才主義。

約翰在他居住的南舊金山街頭玩運動，一路玩到大。他的夢想是成為學校的足球校隊，但是偶爾接觸到擲鐵餅帶他走向另一條路，讓這位傅爾布萊特學者（Fulbright Scholar）進入了重訓室，開始練起舉重並練起肌肉，這個因緣際會下的舉動讓他成為全美的田徑明星。

約翰不滿足於一生只做運動員，於是開始研究宗教。他獲得神學碩士學位，在美國與海外的成人課程教授宗教研究。

約翰是美國五項全能紀錄保持人，也發明了一項運動（你有聽過高腳杯深蹲〔goblet squat〕嗎？），還是哲學家、神學教授與作家。他迷人優雅，也是標準的好父親形象，是你會想要和他喝一杯威士忌或是請他在你的婚禮上演講的那種。

約翰成功將寫作技能結合肌力訓練和運動，為專業運動員和業餘健身愛好者提供教練指導，並影響了這一整群人。他對宗教的深刻理解，搭配他的人際技能、批判思考能力與充分的嘗試，幫助他在重訓室內外都建立起自己的哲學，影響了他自己還有許多人的人生，包括我在內。

海蒂・拉瑪（Hedy Lamarr）

海蒂・拉瑪最為人熟知的身分，是一九三〇、四〇年代好萊塢的超級大美女，但她可不止是大螢幕上的一張漂亮臉蛋而已。

雖然拉瑪早在一九三〇年代初期就在歐洲踏上星途，但她的演藝生涯一直要等到她逃離納粹德國、來到美國之後，才大放異彩。而，在這個時候，她可不止僅投身於劇本創作和螢幕表演而已。拉瑪偕同作曲家喬治・安塞爾（George Antheil）一同發明了「無線跳頻」（frequency hopping）技術，這是一種跳過無線頻率以避免信號壅塞的技術。這項發明為她贏得了專利，也帶動了其他科技，後來催生出藍牙、全球衛星定位與無線網路等技術。

拉瑪沒在「動動手做點什麼」或不拍電影時，她又變身成為全心投入的慈善募款家、電影製作人和作家。她仰賴自己具備的各種技能推動事業向前邁進，緩解她想要發明的心癢難耐，並成為二十世紀非常難得的能幹通才。

史班賽・納多爾斯基（Spencer Nadolsky）

史班賽・納多爾斯基醫師是醫療保健業的革命先聲，他聚焦在改變生活方式、不用醫藥來改善病患的健康，而且，他用很激進的方式去做：開設完全的線上門診。他是治療肥胖症的醫師、家庭醫師、作家、行銷人、運動員，還有，他和我及索納斯・希卡德合作，一起創辦全方位健身方案「強起來！」（Strong ON!），納多爾斯基醫師便是那位「舉重醫師」（the Doc Who Lifts）。

納多爾斯基成長於密西根小鎮，運動很吸引他，因此，他很自然地進入北卡羅萊納大學教堂山分校（University of North Carolina–Chapel Hill）研究運動科學以及醫學預科，他也投身多項運動，例如重量級摔角，大學時代的他表現很不錯。

之後他進入醫學院，後來成為住院醫師（並遇見他一生的真愛珍娜〔Jenna〕），在此同時，他進一步學習營養學，也持續讓自己健美又健康。他最後踏上多數醫師都走的路：在診間工作，在工作時間的限制下幫助有限的病患。

但納多爾斯基認為他可以做更多；他的人生使命就是要幫助更多人，打破門診環境限制。因此，他開始向外探求，學習高效的行銷技能（尤其是電子郵件與內容行銷），在各個社交平台上進行線上布局。身為治療肥胖症醫師的他幫助了很多病患，他根據這些成功經驗寫了一本書《減脂處方》（*The Fat Loss Prescription*）。他推出一系列的補充營養品，每年在無數的研討會與大型會議上發表演說，還打造了自己的網絡並演練他的經營人脈技能。

二〇一七年時，他大幅躍進，將他執業活動全數搬到網路上，提供所有親自看診醫師會提供的服務，但是全部都在網路上進行。這套激進的做法幫助他去做他最想做的事：盡可能幫助最多人並將健康生活方式的信念傳出去。納多爾斯基醫生將他的醫學背景和許多其他能力堆疊起來，包括他的運動能力，他的創意、行銷、寫作與人脈經營技能以及他的商業敏銳度等等，將他的醫療業務拓展到診間以外，接觸到成千上萬的病患、社交媒體追蹤者以及「強起來！」的會員，教導他們如何過著最美好、最健康的人生。而且，在這一路上，他也成為通才典範。

盧・舒勒（Lou Schuler）

不管盧・舒勒具備哪些才能，他都說那只是剛好而已。

舒勒是健身領域的記者兼作者，他常常說起他一開始之所以會對健身感興趣的緣由：他成長於密蘇里州聖路易市（Saint Louis, Missouri），他很希望能在運動方面有好表現，但他一直都是在場中跑最慢、最削瘦、最疲弱且近視度數最深的孩子。也因此，他十三歲時就開始健身。他和哥哥都練習舉重，但兩人都不知道該怎麼練，只是一直去做，慢慢變得比較壯，跑步速度也沒這麼慢了。

寫作是另一個讓他撞破頭的領域，一直到後來他找到利基為止。他想要寫小說和劇本，但，就算只有十幾歲，他也知道要靠成為小說家或劇作家維生的機率很低，還有，他並不想去大都市闖蕩，在等待大突破來臨之前就飢寒交迫而死。因此，他決定要去讀大學，主修新聞。幸運的是，他進了密蘇里大學（University of Missouri），這是美國最好的新聞系之一，而且他不用支付外州人的學費。

大學畢業後的十年間，舒勒在不同的報社和雜誌社之間換了幾次工作，閒暇之餘他把時間花在小說與劇作上，一邊還在餐廳打工當服務生賺取生活費。到了一九九二年，他第一次去一家健身雜誌社上班，他已經持續健身二十二年了，還有，十餘年來，他一天花幾個小時撰寫小說和非小說，而且基本上是每天都寫。因此，就算他寫的健康或健身相關文章最多只有六篇，但是他寫過幾百篇其他文章，還有幾千頁的小說和劇本。他大學畢業之後甚至還寫過一些單口相聲段子。如今，隨著全世界都開始對健身和營養更感興趣，他發現自己處於適當的地方、等到適當的時機，而且擁有適當的技術面技能、充滿創意的能量以及幽默感。

他還需要在健身與營養學方面培養專業，這很辛苦。舒勒在高中的生物與化學課程之後就沒有再修習科學了，雖然沒有這方面的背景，但舒勒還是投身鑽研健身背後的科學，並為他贏得信譽，讓他成為「雙語人」：現在的他精通英語和極客語（geekish，編按：在線聊天時使用大量首字母縮寫和技術語言，才加快對話速度。）報償是什麼？他訪談科學家時不會聽起來像個外行笨蛋，又能寫出寓教於樂的文章，讓不是科學家的人理解，並好好鋪陳故事，反映出小說作家解決問題的技能。

索納斯・希卡德（Somnath Sikdar）

索納斯・希卡德如今已經是跆拳道黑帶六段，想當初他第一次走進道館時只有六歲，心裡想的都是以當時剛上映的電影《小子難纏2》（*Karate Kid II*）為藍本的忍者形象。當然，當時希卡德不知道，二十年後，這家收他為徒的道館，會變成他的。他花了很多年的時間，才從第一次踢腿到成為道館館長、成為創業家、出版家、商業顧問與行銷人，這當中也培養了很多技能。

希卡德多年來勤練跆拳道不輟，愈來愈有紀律。有一年他要去印度過一整個夏天，前幾個月開始，他就每天多練一點，這樣才不會荒廢他已經練出來的技巧。回顧當時，他可能並不知道自己正在培養的技能對他日後的創業成就而言至關重要，那就是：紀律。

九歲時他就拿到黑帶一段，然後晉升到二段，等到要進大學時，他已經拿到三段了。在家人的鼓勵下，希卡德進入賓州大學，獲得電機工程學士學位，並輔修系統科學與經濟學。在大學期間與之後，希卡達指導大學跆拳道校隊。他甚至在一部武術電影中用上他的對戰技能。

希卡德的成就不限於武術。他和另外兩位小時候一起練跆拳道的學員合作，從師父高在德（Chae Teok Goh）手上買下神龍健身房（Dragon Gym）。早在二十幾歲時，希卡德就必須將工程學的方法論觀點轉到創意觀點：學習如何有效透過電子郵件與直接郵件來行銷他的健身房，還要提高上課出席率，並拓展健身房提供的方案（他加入了壺鈴訓練和泰拳課程，還有瑜伽、物理治療與按摩治療）。而他在大學時培養出來的流程管理技能以及性格成形期養成的紀律，對他大有益處，讓他創作與塑造出經營企業必要的系統，同時也精進他在成長過程中習得的武藝。他出版多本談武術和壺鈴訓練的書，他每年都在行銷、參與及主辦各項認證與工作坊，也為當地與全國的商業才俊提供建言。

希卡德和我、史班賽・納多爾斯基醫師攜手合作，共同創辦「強起來！」，神龍健身房現在是「強起來！」的全球總部。我們透過「強起來！」加盟業務協助了無數的個人教練與壺鈴教師，對他們來說，希卡德具備了經營實體武術道館與健身房專業，是一位極寶貴的商業教練和顧問。他也是每周播出一次的線上節目《維持好狀態》（*In Top Form*）共同主持人，和另一位我們提到過的通才戴夫・佛瑞斯攜手合作。這部線上節目教觀眾如何培養各種不同的技能組，讓他們的生命和生活都能維持在最佳狀態。

從自稱「虛弱、瘦小、害羞的孩子」到電機工程師、跆拳道黑帶六段與創業家，索納斯・希卡德體現了何謂通才：這樣的人可以有效結合與堆疊各種不同的技能，以取得競爭優勢。

唐納・川普（Donald Trump）

川普是第四十五任的美國總統，他可能是我們這份個案研究中最極端的例子。但，不管你愛他或恨他，他都是出色的通才範例。

從賓州大學的華頓商學院（Wharton School），川普就接手經營家族的房地產事業，他從一九七一年到二〇一七年都一直擔任這項職務。在管理如今名為川普集團（Trump Organization）的機構時，他也拓展這家企業的業務，除了建造與管理房地產之外，也涉足高爾夫球場、賭場和旅館，多角化的布局多達幾百家旁支企業。

川普大量參與各種運動活動，他曾買下已成為歷史的紐澤西將軍（New Jersey Generals）美式足球隊，也主辦過拳王麥可・泰森（Mike Tyson）一九八八年的重量級冠軍賽。他甚至還擔任泰森的財務顧問。他也擁有環球小姐（Miss Universe）大賽的股權，並開辦川普大學（Trump University）房地產訓練學程。

商業之外，川普也和他人合寫了幾本書，一九九〇年代開始更在電影和電視節目中客串演出，這還不包括他擔任執行製作與主持人、讓觀眾為之瘋狂實境節目《誰是接班人》（*The Apprentice*）與後續的《名人接班人》（*The Celebrity Apprentice*）；節目播出十四季，在國際上啟發出很多衍生節目。然後是二〇一六年，川普宣布要投入總統大選（政治在一九八〇年代末期開始就進入他的雷達範圍中），這讓他投身到另一個完全不同的領域，他需要匯集過去培養出來的所有技能，才能在行程滿檔的總統競選活動中站在最前線。

經營企業與創業是川普最重要的技能，他以這項技能作為基底，往上堆疊其他所有技能；而，有很多技能都歸入「經營企業」類別：管理技能、財務管理技能、緩解風險技能、行銷技能、人際網路經營技能。川普在媒體與政界能有這番表現，證明了他的人際技能與溝通技能。此人很清楚如何才能逗樂大家，或者說，不管好壞，至少他很清楚要如何掌握人們的注意力。這些廣泛但同樣重要的技能，幫助川普在過去超過四十五年能有所成就，這些技能最終幫助他贏得二〇一六年的美國總統大選。

馬克．吐溫（Mark Twain）

原名塞姆．朗赫恩．克列門斯（Samuel Langhorne Clemens）的馬克．吐溫是一位幽默作家、作家、表演者、講師、發明家、出版者與創業者，他正是美國通才偉人。

他留下的作品如今讓他明確被歸類在作家這一類，但，馬克．吐溫可有著廣泛且多元的背景。如果少了這種廣度大於深度的取向，他的人生或許就無法享有這些成就，也無法像現在一樣，成為歷史故事裡的人物。

馬克・吐溫對於蒸汽船很著迷，曾經擔任蒸汽船駕駛長達三年，一直到南北戰爭迫使他轉行。科學也讓他著迷，他和發明家尼古拉・特斯拉（Nikola Tesla）是朋友，他常在特斯拉的實驗室裡東敲敲西打打。馬克・吐溫在一八七一年十二月十九日拿到人生三項專利中的第一項。冒險總是誘惑著他，讓他成為內華達領地（Nevada Territory）總督的祕書、銀礦礦主以及報社的海外通訊記者。

他有表演天分，走上舞台，以他的冒險故事娛樂觀眾，並用他古怪的幽默感搏他們一笑。他成為全世界第一位單口相聲喜劇演員，一八九五年時在全世界各地演出（藉以償債；金錢管理不在他的技能組合當中）。

他曾經有過的每一項經驗、熱情與工作，都堆疊在他的主要技能之上：那就是寫作。在他最知名作品《湯姆歷險記》（*The Adventures of Tom Sawyer*）和《頑童歷險記》（*Adventures of Huckleberry Finn*）中，蒸汽船和河上人生都有吃重的地位。在他轉換題材寫出的歷史小說《康州美國佬大鬧亞瑟王朝》中，科學與技術則是焦點。還有，在《苦行記》（*Roughing It*）和《老憨出洋記》（*The Innocents Abroad*）中，一再提到他的旅遊經歷，而且，為了讀者的樂趣著想，他以誇張、挑撥、刺激的方式呈現，變成了歡鬧辛辣的紀事。

他一輩子都在培養技能組合，在某些領域奔放邁進，同時維繫某些領域，創造出一番事業並留下壓倒其他美國作家的作品，當時如此，現在亦然。馬克·吐溫真是通才經典典範。

big 346

自學力就是你的超能力：

從技能堆疊到能力變現，你所有的投入都不會徒勞無功

How to Be Better at Almost Everything: Learn Anything Quickly, Stack Your Skills, Dominate

作　　者—派特・福林（Pat Flynn）
譯　　者—吳書榆
副 主 編—黃筱涵
編　　輯—李雅蓁
企劃經理—何靜婷
封面設計—木木Lin
內頁排版—藍天圖物宣字社

編輯總監—蘇清霖
董 事 長—趙政岷
出 版 者—時報文化出版企業股份有限公司
108019台北市和平西路三段240號4樓
發行專線—（02）2306-6842
讀者服務專線—0800-231-705、（02）2304-7103
讀者服務傳真—（02）2304-6858
郵撥—19344724時報文化出版公司
信箱—10899台北華江橋郵局第99信箱
時報悅讀網—http://www.readingtimes.com.tw
法律顧問—理律法律事務所 陳長文律師、李念祖律師
印　　刷—盈昌印刷有限公司
初版一刷—2020年11月27日
定　　價—新台幣360元

時報文化出版公司成立於一九七五年，並於一九九九年股票上櫃公開發行，
於二〇〇八年脫離中時集團非屬旺中，以「尊重智慧與創意的文化事業」為信念。

How to Be Better at Almost Everything
By Pat Flynn

ISBN 978-957-13-8452-8
Printed in Taiwan.

自學力就是你的超能力：從技能堆疊到能力變現，你所有的投入都不會徒勞無功／派特・福林（Pat Flynn）作；吳書榆譯. --初版. --台北市：時報文化出版企業股份有限公司，2020.11｜240面；14.8×21公分. --（Big；346）｜譯自：How to be better at almost everything: learn anything quickly, stack your skills, dominate｜ISBN 978-957-13-8452-8（平裝）｜1.成功法 2.學習方法 3.自我實現｜177.2｜109017614

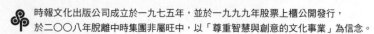